Barbara und Hans Otzen

Die bayerische Kochbibel

Parragon

Bath · New York · Singapore · Hong Kong · Cologne · Delhi · Melbourne

Der HEEL Verlag dankt dem Bayerischen Ministerium für Landwirtschaft und Forsten für die freundliche Unterstützung bei der Realisierung dieses Spezialitäten-Kochbuches.

HEEL Verlag GmbH
Gut Pottscheidt
53639 Konigswinter
Tel.: (0 22 23) 92 30-0
Fax: (0 22 23) 92 30-13
Homepage: www.heel-verlag.de
E-Mail: info@heel-verlag.de

Verantwortlich für den Inhalt:
Barbara und Hans Otzen

Redaktion und Lektorat:
Marcus Reckewitz, Bonn

Schlusslektorat:
Petra Hundacker

Titelbild:
© FoodPhotography/STOCKFOOD

Fotonachweis:
Alle Fotos © Bayerisches Staatsministerium für Landwirtschaft und Forsten, ausgenommen:
S. 15 © „Die Förderer e. V.", Landshut, S. 23 © Stadt Nürnberg, S. 34/35 © Hofbräu München, S. 40 © Irseer Klosterbräu

Satz und Gestaltung:
Grafikbüro Schumacher, Königswinter

Diese Ausgabe erscheint bei
Parragon Books Ltd
Queen Street House
4 Queen Street
Bath BA1 1HE, UK

Printed and bound in China

ISBN : 978-1-4075-9022-6

Barbara und Hans Otzen

Die bayerische Kochbibel

In Zusammenarbeit mit dem Bayerischen Staatsministerium für Landwirtschaft und Forsten

Parragon
Bath · New York · Singapore · Hong Kong · Cologne · Delhi · Melbourne

Inhalt

Grußwort Seite 6

Bayern – Land und Leute, Essen und Trinken

Landesnatur – wo Bayern am schönsten ist 8

Bayern – eine bewegte Geschichte 10
- *Kloster Andechs – Pilgerstätte für Bierfreunde* 13

Die bayerische Küche – Tradition und Moderne 14
- *Die Landshuter Hochzeit – ein historisches Prunkgelage* 15
- *Viktualienmarkt – Pilgerstätte für Feinschmecker* 16
- *Oktoberfest – „O'zapft is!"* 20
- *Christkindlesmarkt – weihnachtliche Tradition in Nürnberg* 23

Wo Bayern draufsteht, soll auch Bayern drin sein – geschützte bayerische Herkunftsangaben 24
- *Coburger Kernschinken* 25
- *Nürnberger Rostbratwurst – in der Würze liegt die Kraft* 26
- *Ettaler Klosterlikör – eine wohltuende Kräutertinktur* 29

Öko und Bio im Bayernland 30

Bayerisches Bier – weltberühmt 31
- *Die ältesten Brauereien in Bayern* 32
- *„In München steht ein Hofbräuhaus"* 34
- *Eine kurze Geschichte der Münchner Biergärten* 37
- *Bayerische Bierlegenden* 38

Fränkischer Wein 41
- *Der Bocksbeutel – eine Weinflasche mit Geschichte* 43

Die kulinarischen Regionen – Franken, Oberpfalz, Niederbayern, Oberbayern 44
- *Paartaler Bauernschinken – ein idealer Spargelbegleiter* 45
- *Fränkischer Zwetschgenbahmes – ein geräuchertes Stück Franken* 46

Bayern bittet zu Tisch!

Prinzregent und Nonnenfurz – Bayerische Brot und Backwaren 48

- *Fränkisches Holzofenbrot – knusprige Brottradition* 50
- *Brez'n – das bayerische Nationalgebäck* 51
- *Die Mundsemmel – ein kurfürstliches Bayernbrötchen* 52
- *Rezepte* 54

Böfflamott und Blaue Zipfel – Bayerische Fleischspezialitäten 65

- *Bayerische Rindviecher* 66
- *Die Münchner Weißwurst – eine weltberühmte Spezialität* 67
- *Bayerischer süßer Senf* 69
- *Kleine bayerische Wurstparade* 71
- *Oberpfälzer Bauernseufzer* 77
- *Rezepte* 78
- *Kren – bayerischer Meerrettich* 88

Meefischli und Steckerlfisch – Bayerische Fischspezialitäten 94

- *Kleine bayerische Karpfenparade* 96
- *Rezepte* 100
- *Bayerische Gewürzgurken* 101
- *Kretzer – eine stachelige Köstlichkeit* 104
- *Saibling – ein Edelfisch mit fetter Flosse* 106

Bamberger Hörnla und Hauszwetschgen – Obst und Gemüse aus Bayern 111

- *Kleine bayerische Ackerparade* 112
- *Kleine bayerische Schnapsparade* 119
- *Rezepte* 122

Knödeln und Flädlesuppe – Bayerische Teigwaren und Knödel 134

- *Kleine bayerische Mehlspeisenparade* 135
- *Rezepte* 138

Bayerische Crème und Obazda – Milch und Käse aus Bayern 146

- *Kleine Allgäuer Käseparade* 149
- *Rezepte* 155

Register der Rezepte 159

Grußwort

Es ist mir eine große Freude, dieses Bayerische Spezialitätenkochbuch einer breiten Öffentlichkeit präsentieren zu können. Wann kommt bayerische Lebensfreude besser zum Ausdruck als beim Essen und Trinken? Bayern hat bei Nahrungsmitteln und Getränken eine großartige Vielfalt zu bieten – hier kochen Franken, Oberpfälzer, Niederbayern und Oberbayern mit den Schwaben um die Wette. Alle bayerischen Landesteile haben etwas Besonderes vorzuweisen, angefangen beim Fränkischen Karpfen über die schwäbische Hochzeitssuppe, den oberpfälzischen Chamer Kampl, den niederbayerischen Pichelsteiner Topf, das Münchner Kronfleisch bis hin zu den Allgäuer Kässpätzle. Und zu den vielen bayerischen Schmankerln gibt es alle Hintergrundinformationen – spannend, unterhaltsam und mit vielen neuen Kochideen versehen.

In bayerischer Lebensfreude verbinden sich Tradition und Moderne in einmaliger Weise zu einem kulinarischen Ganzen, das weltweit Beachtung findet. Und vergessen wir nicht, dass all unsere schönen Rezepte nur deshalb so gut gelingen, weil die heimische Landwirtschaft dafür die Grundprodukte in hervorragender Qualität liefert, das bayerische Lebensmittelhandwerk und die bayerische Lebensmittelindustrie diese Grundprodukte schonend weiter verarbeiten und sie alle uns deshalb dieses wunderbare breite Sortiment an hochwertigen Lebensmitteln bieten können. Und denken wir auch daran, welchen großen Beitrag unsere Gastronomie zum guten Image der bayerischen Küche geleistet hat. Unsere Wirtshauskultur hat über Jahrhunderte die Impulse vermittelt, um Speisen und Getränke den jeweiligen Wünschen und Bedürfnissen der Verbraucher anzupassen. Nicht umsonst gibt es so viele Spitzenbetriebe der Gastronomie in Bayern.

Ich wünsche allen Lesern viel Freude mit dem Spezialitätenkochbuch und hoffe, dass die Anregungen Eingang in Ihre häusliche Küche finden. Sie werden es nicht bereuen!

Josef Miller

(Bayerischer Staatsminister a.D. für Landwirtschaft und Forsten)

Bayern – Land und Leute, Essen und Trinken

Bayern ist so vielseitig wie seine Bewohner, und ebenso vielfältig sind die unübertroffenen kulinarischen Qualitäten Bayerns. Die althergebrachte Vorstellung von Weißwurst und Schweinsbraten trifft in der Tat nur einen der unzähligen Aspekte bayerischer Essgenüsse. Die ganze Bandbreite bayerischer Lebens- und Kochkultur besteht eben nicht allein in dem landläufig unterstellten weiß-blauen Klischee von Lederhose und Dirndl, Trachtenkapelle und einer Maß Bier, sondern umfasst die ganze landsmannschaftliche Tradition Ober- und Niederbayerns, der Oberpfalz, Frankens und Schwabens.

Landesnatur – wo Bayern am schönsten ist

Die einzelnen bayerischen Landesteile könnten vielfältiger und unterschiedlicher kaum sein, was jedoch nicht weiter wundert, ist Bayern doch immerhin das größte deutsche Bundesland, das sich über 330 Kilometer vom Main bis zum nördlichen Alpenkamm erstreckt. Von milden Fluss-

tälern, rauen Berglandschaften über grüne Voralpenlandschaften bis hin zum schroffen Hochgebirge hat Bayern alles zu bieten. Je nach klimatischen Bedingungen und Bodengegebenheiten werden in Bayern nicht nur Getreide, Obst und Gemüse angebaut, auch Viehzucht mit Fleisch- und Milchwirtschaft sowie vielerlei Sonderkulturen wie beispielsweise Weinbau werden hier betrieben.

Die von Mittelgebirgscharakter geprägten bayerischen Landschaften nördlich der Donau erstrecken sich vom stark bewaldeten Spessart im Nordwesten bis zur über 900 Meter hohen Rhön im äußersten Norden. Nach Süden und Südosten schließt sich das Schwäbisch-Fränkische Schichtstufenland an, eingeschlossen von der Fränkischen Alb. Von Nordosten nach Südosten erheben sich der Frankenwald, das Fichtelgebirge, der Steigerwald, der Oberpfälzer Wald und der Bayerische Wald. Die Donau grenzt mit ihrem Flusslauf zwischen Ulm und Passau die bayerischen Mittelgebirge nach Süden gegen das von Schotterflächen eiszeitlicher Gletscher durchsetzte Alpenvorland ab. Die von den Gletschern hinterlassenen Mulden und Becken sind heute mit Wasser gefüllt. Ammersee, Starnberger See oder Chiemsee – um nur einige zu nennen – sind aber nicht nur reizvolle Ausflugs- und Urlaubsziele. Mit ihrem Fischreichtum bereichern sie zur Freude aller Feinschmecker auch die bayerische Küche.

Weiter südwärts steigt das Alpenvorland zu den nördlichen Kalkalpen mit ihren schroffen Felsgraten und Hochplateaus an, die als Almen genutzt werden und sich besonders zur Milchviehhaltung eignen. Im Wettersteingebirge erhebt sich als Deutschlands höchster Berg die Zugspitze.

Bayern – eine bewegte Geschichte

Die Vielfältigkeit bayerischer Kultur resultiert auch aus der ereignisreichen Geschichte des Landes, die um 500 n. Chr. mit der Einwanderung westgermanischer Bajuwaren in das Alpenvorland beginnt. Unter den Agilolfingern entsteht ab 555 das bayerische Stammesherzogtum. Mitte des

8. Jahrhunderts werden im Rahmen der durch Bonifatius betriebenen Christianisierung Bayerns die Bistümer Salzburg, Passau, Regensburg, Freising und Eichstätt gegründet. Seither ist der Glaube tief in der bayerischen Bevölkerung verankert. Gemeinsam mit dem sich parallel entwickelnden Klosterwesen prägte die christliche Lebensweise auch Ess- und Trinkgewohnheiten: Bis heute gehören Fastenspeisen ebenso zur bayerischen Küche wie die tägliche Maß Bier, deren Ursprünge maßgeblich auf das klösterliche Brauwesen zurückgehen.

Im Jahre 1070 fiel das bayerische Herzogtum an die Welfen, die ihren Sitz zunächst in Regensburg hatten. Ab 1180 übernahmen die Wittelsbacher. Diese erwarben 1214 die Rheinpfalz, im Dreißigjährigen Krieg die Oberpfalz und schließlich erhielten sie auch noch die Kurwürde. Maximilian I. (1597–1651) war einer der Führer der Gegenreformation in Deutschland. Die gewaltige Kraft des erneuerten Glaubens ließ in der Zeit des Barock und Rokoko in Bayern sakrale Bauwerke von allergrößter Pracht und Schönheit entstehen. 1777 erlosch die bayerische Linie der Wittelsbacher, es folgten Karl-Theodor von der Pfalz-Sulzbach und 1799 Maximilian IV. Joseph von Pfalz-Zweibrücken. In der napoleonischen Zeit verlor Bayern zunächst die Rheinpfalz. Als sich das Land allerdings auf die Seite Frankreichs schlug, gewann es unter anderem die geistlichen Fürstentümer Augsburg, Eichstätt, Freising, Regensburg, Passau und

Kloster Andechs – Pilgerstätte für Bierfreunde

Andechs ist heute die größte und bekannteste Klosterbrauerei Deutschlands. Die Ursprünge von Kloster Andechs gehen auf Reliquien zurück, die der heilige Rasso (880–954), Ahnherr des Andechser Grafengeschlechts, aus dem Heiligen Land in die Kapelle der Burg Andechs auf dem Berg über dem Ostufer des Ammersees brachte. 1248 übernahmen die Wittelsbacher die Grafschaft. Ende des 14. Jahrhunderts beschloss die bayerische Herzogsfamilie die Gründung eines Klosters im Andechser Burgbereich. Unter Herzog Ernst I. begann ab 1423 der Bau der dreischiffigen Wallfahrtskirche auf dem Berg oberhalb des Ammersees, dem der Herzog den Namen „Heiliger Berg" gab. 1455 gründete Herzog Albrecht III. (1438–60), Nachfolger von Ernst I., schließlich das Benediktinerkloster Andechs – und seit dieser Zeit wird nachweislich Bier auf dem „Heiligen Berg" gebraut. Nach einem Brand 1669 wurde die Kirche bis 1674 neu errichtet. 1730 grub man einen Bierkeller an jener Stelle in den Berg, wo sich heute die Apotheke befindet. 1803 verfügte die kurfürstliche Regierung im Zuge der Säkularisation die Versteigerung des Klostergebäudes. 1846 kaufte König Ludwig I. das Kloster als Wirtschaftsgut für den Staat Bayern allerdings wieder zurück und gab es wenig später erneut den Benediktinern. Seither wurde der Brauereibetrieb laufend modernisiert. 1972 entschied man sich für den Bau einer völlig neuen Brauerei, um das Braugeschäft mit modernster Technik fortführen zu können. Seit 1995 ist Kloster Andechs mit seiner gesamten Landwirtschaft auf ökologische Wirtschaftsweise umgestellt. Zum 550-jährigen Klosterjubiläum im Jahre 2005 wurde die letzte Renovierung der Wallfahrtskirche abgeschlossen. Mehr als eine Million Besucher zählt das Kloster Andechs jedes Jahr.

Bamberg sowie die vormals Freien Reichsstädte Kempten, Augsburg, Nürnberg, Rothenburg, Schweinfurt und zahlreiche Abteien – eine lohnenswerte Parteinahme. 1806 nahm der Kurfürst als Maximilian I. die Königswürde an. Nach der napoleonischen Zeit gewann Bayern noch das Großherzogtum Würzburg, Aschaffenburg und wieder die linksrheinische Pfalz dazu. Damit hatte Bayern endlich jene Gestalt angenommen, die sich seither – bis auf die nach dem Zweiten Weltkrieg zu Rheinland-Pfalz zugeschlagene linksrheinische Pfalz und das schon 1920 angegliederte Coburg – erhalten hat.

Die bayerische Küche – Tradition und Moderne

Heute setzt sich Bayern aus den Bezirken Oberbayern, Niederbayern, Schwaben, Oberpfalz, Ober-, Mittel- und Unterfranken zusammen, die allesamt stolz auf ihre eigene Ess- und Trinkkultur sind. Doch es sind nicht nur die landsmannschaftlichen Wurzeln, die diese Vielfalt der bayerischen Küche begründen. Auch soziale Unterschiede hinterließen ihre Spuren in der bayerischen Esskultur. So konnten sich im Laufe der geschichtlichen Entwicklung des Landes nur wenige Menschen eine „Herrenküche" leisten. Diese Herrenküche war üppig, vielfältig und durchaus für internationale Einflüsse offen. Sie stand ganz in der Tradition der Adelsküche, war mehrgängig und wurde im 19. Jahrhundert vom reichen bayerischen Bürgertum weiterentwickelt. Ihr verdanken wir so feine Speisen wie etwa die Crème Bavaroise (s. S. 156).

Ganz im Gegensatz dazu stand die Küche der einfachen Leute. Hier gab es keine mehrgängigen Menüs, sondern ganz einfache Gerichte, die sich dem Jahresverlauf entsprechend in Fasten- und Alltagsspeisen unterteilten. Die täglichen Essenszeiten orientierten sich am Arbeitsrhythmus. Fleisch gab es nur selten, viele Arme waren eigentlich das ganze Jahr über „auf Diät" – weil ihnen gar nichts anderes übrig blieb. Während sich die Begüterten von beflissener Dienerschaft reichlich auftischen ließen, begann für die Armen der Arbeitstag mit einer Mehlsuppe zur Vormess, der Frühmesse vor Sonnenaufgang. Die weiteren Mahlzeiten wurden

Die Landshuter Hochzeit – ein historisches Prunkgelage

Aus Anlass der Hochzeit des damals 20-jährigen Landshuter Herzogs Georg, Sohn Ludwigs des Reichen, mit der 18-jährigen polnischen Königstochter Hedwig wurde Mitte November 1475 eines der prunkvollsten Feste des ausgehenden Mittelalters veranstaltet. Während der rund einwöchigen Feierlichkeiten mussten an die 10.000 Gäste, mit Kaiser Friedrich III. und seinem Sohn Maximilian an der Spitze, untergebracht und bewirtet werden. Das Landshuter Volk wurde auf Befehl des Herzogs acht Tage lang von seinen Pflichten befreit. Es ist überliefert, dass das Fest den Betrag von 60.766 rheinischen Gulden und 73 Pfennige gekostet hat – nach heutigem Wert rund 15 Millionen Euro! Den größten Teil davon verschlang das opulente Hochzeitsessen aus 32 Gängen für die versammelten Fürstlichkeiten.

In Erinnerung an das alte Hochzeitsspektakel feiern die Landshuter dieses Fest alle vier Jahre nach. Drei Wochen lang steht die schöne gotische Stadt Kopf und über 2000 Einwohner entführen die zahlreichen Gäste in ihren originalgetreuen Kostümen als Ritter, Gaukler, Knappe und Burgfräulein in die Welt des Mittelalters. Höhepunkt ist der Hochzeitszug durch die Alt- und Neustadt an den vier Fest-Sonntagen und das anschließende Ritterturnier auf der „Wiesmahd" – jener Platz, auf dem Hedwig einst von ihrem Bräutigam empfangen wurde. Die nächste Reise in die Vergangenheit findet 2009 statt.

Viktualienmarkt – Pilgerstätte für Feinschmecker

Als in München der heute Marienplatz genannte Schrannenplatz (= Getreidemarkt) als Markt für Agrarerzeugnisse zu klein geworden war, beschloss der bayerische König Max I. Joseph am 2. Mai 1807, einen Teil des Marktgeschehens in das Gebiet zwischen Heiliggeist-Kirche und Frauenstraße zu verlegen. Diesen neuen Bauernmarkt nannte man bald allenthalben „Viktualienmarkt“, was sich vom spätlateinischen Ausdruck für Lebensmittel ableitet. Schon bald musste der Markt wesentlich erweitert und im Jahre 1885 sogar das Heiliggeist-Spital abgerissen werden.

während der Arbeitspausen auf dem Feld eingenommen. Dies waren der bescheidene Mittagstisch und nachmittags die Vesper, eine einfache Brotzeit. Nach getaner Arbeit wurde zu Hause das Abendmahl eingenommen: Brot mit Käse oder Wurst – und natürlich durfte das Bier nicht fehlen.

Im Wesentlichen bestand die Ernährung der einfachen Leute aus Getreidebrei, seit dem 18. bzw. 19. Jahrhundert auch aus Kartoffeln, wenig Gemüse – außer dem auch über den Winter haltbaren Weißkohl –, gesalzenem und getrocknetem Fisch und kaum Fleisch. Längst sind diese einstigen Armenspeisen kulinarisch verfeinert worden und bereichern die urbayerische Küche mit Brot- oder Graupensuppen, Schupfnudeln, Knödeln, Geselchtem, Kronfleisch, Züngerl, Milzwurst, Ochsenmaulsalat oder Presssack.

Viel üppiger ging es dagegen auf den Tischen der „hohen Herren" zu. Das waren neben den Adeligen der Klerus und im weiteren Verlauf der Geschichte auch wohlhabend gewordene Kaufleute und Handwerker. Hier gab es reichlich Fleisch, Geflügel, viel Fisch, der überwiegend aus den Teichen der Klöster stammte, Wild und Spezereien, denn die Gewürzhandelsrouten der Hanse passierten die reicher werdenden bayerischen Städte. Und nicht zuletzt wurden üppige Süßspeisen gereicht, denn der

Nach dem Zweiten Weltkrieg hatte man wegen der erheblichen Schäden zunächst Zweifel, den Verkaufsbetrieb am Viktualienmarkt wiederaufleben zu lassen. Doch das massive Bürgerinteresse bewog die Stadtverwaltung, die „gute Stube Münchens" wieder zu neuem Leben zu erwecken. Seither ist der Markt zu einem bevorzugten Platz der Münchener geworden und hat sich längst vom ursprünglichen Bauernmarkt zum Gourmettempel entwickelt. Besonderes Flair entsteht durch die Vielzahl des Angebots: Auf einer Gesamtfläche von 22.000 m² werden von 140 Firmen farbenprächtige Blumen und Pflanzen, Obst, Gemüse, Südfrüchte, Wild und Geflügel, Eier, Butter, Honig, Fisch sowie Fleisch- und Wurstwaren zum Verkauf angeboten. Und neben den rustikalen Verkaufsständen findet man auch einen Biergarten, in dem sich ein kunstvoller Maibaum erhebt – ein idealer Ort, um Energie für den Einkaufsbummel zu tanken!

Zuckerhandel nahm den gleichen Weg wie der Gewürzhandel. Italienische und französische Einflüsse bereicherten die bayerische Herrenküche und verfeinerten die Menüfolge. Nunmehr wurden die Speisen nicht mehr wie noch im ausgehenden Mittelalter auf einmal auf den Tisch gestellt, man ließ sich stattdessen alles der Reihe nach servieren: Vorspeise, Suppe, Fleischgericht mit Gemüsebeilage, gerne auch noch ein Fischgericht, und schließlich die Süßspeise als Nachtisch. Die Bohnen und der Blumenkohl können ihren italienischen Ursprung ebenso wenig verbergen wie Böfflamott (Bœuf à la Mode) seine französischen Wurzeln.

Längst ist die Unterscheidung zwischen Herrenessen und Armenessen aufgehoben – heutzutage ist der regelmäßige Fleischverzehr nichts ungewöhnliches mehr. Vor allem in Bayern hat sich das Angebot an Nahrungsmitteln und Getränken seit dem vergangenen Jahrhundert vervielfältigt. Landwirte, Ernährungshandwerk, Ernährungsindustrie und vor allem die bayerische Gastronomie haben nicht erst in jüngster Zeit einen außerordentlichen Qualitätsschub vollzogen. Breit ist die Palette bayerischer Brot- und Gebäcksorten, Biersorten, Fleischwaren, Molkereiprodukte, Fluss- und Teichfische, an bayerischem Obst und Gemüse, an Kartoffeln – und an Getränken, allen voran Bier, aber auch Wein. Und nirgendwo sonst in Deutschland kommt ein so hoher Anteil der wichtigen Zutaten von Speisen und Getränken aus der Region selbst!

Bayern stellt sich kulinarisch als Symbiose des Althergebrachten und der Moderne dar. Die Hingabe der Bayern zu ihren Traditionen und Gebräuchen ist geradezu sprichwörtlich. Die Lederhose, der Gamsbart und das Dirndl, Trachten- und Schuhplattlergruppen und nicht zuletzt der Maibaum als Sinnbild für Schaffensdrang und Tatkraft symbolisieren das bayerische Bekenntnis zur Tradition. Und zur Lebensqualität dieser rauen, aber herzlichen Menschen gehört wie selbstverständlich die alltägliche Gemütlichkeit in den traditionellen Biergärten mit ihrem landestypischen rustikalen Speisenangebot.

Jedes Dorf und jedes Städtchen feiert seine eigenen Feste. Das Münchner Oktoberfest als Großveranstaltung hat Weltberühmtheit erlangt. Hier, auf der „Wiesn", trifft sich jedes Jahr im Herbst nicht nur ganz München, aus allen Landesteilen und Ländern strömen die Menschen herbei, um miteinander zu feiern.

Den Münchner Bürgern

Oktoberfest – „O'zapft is!"

Zur Hochzeit von Ludwig von Bayern und Prinzessin Therese von Hildburghausen wurde am 17. Oktober 1810 vor den Toren Münchens auf der Theresienwiese ein großes Fest mit Pferderennen ausgerichtet. Diese Veranstaltung fand so großen Anklang, dass sie bis 1910 jedes Jahr wiederholt wurde. Schließlich nutzte man das Volksfest auch zur Präsentation bäuerlicher Produkte. Zur Unterhaltung der Besucher bauten Schausteller Karussells, Schaukeln und Schießstände auf. Ab 1818 machte sich die Stadt München selbst zum Veranstalter.

Kaum zu glauben: Ursprünglich gab es auf dem Oktoberfest kein Bier zu trinken. Als die Münchener Stadtverwaltung den Bierverkauf schließlich erlaubte, ließen sich das die Schausteller und Budenbetreiber nicht zweimal sagen. Ende des 19. Jahrhunderts wurden aus den roh gezimmerten Bretterbuden Bierhallen, in denen Musikkapellen für Stimmung sorgten. Bis heute ziehen zum Auftakt des Oktoberfestes die Wirte traditionell „hinaus" auf die Wiesn und seit den 50er Jahren des vorigen Jahrhunderts sticht der Bürgermeister der Stadt München am ersten

Wiesn-Samstag pünktlich um 12 Uhr das erste Fass Bier mit dem über die Landesgrenzen berühmten Ausspruch „O'zapft is'!" an.

Längst hat sich das Oktoberfest zum größten Volksfest der Welt entwickelt. Über sechs Millionen Besucher zählt das Fest der Superlative jährlich – und die Gäste aus aller Welt essen und trinken reichlich: sechs Millionen Maß Bier, 500.000 Brathendl, 30.000 Schweinshaxen und 90 Ochsen!

Doch Bayern bietet kulinarisch natürlich weitaus mehr als nur die Dreifaltigkeit aus Brez'n, Bier und Borstenvieh (in Form von Speck) – was als Jause köstlich schmeckt. Viele Restaurants offerieren landestypische Speisen, aber auch internationale Küche auf höchstem Niveau – nicht umsonst war es ein Münchner Restaurant, das als erstes mit drei Michelin-Sternen ausgezeichnet wurde. Und gerne verweisen die Bayern darauf, dass viele Speisen der so genannten „Neuen Küche" in Bayern längst bekannt waren – beispielsweise das heute in der gehobenen Gastronomie gern eingesetzte Kalbsbries.

Die Naturliebe der Bayern hat auch den neuen Formen der schonenden Landwirtschaft Möglichkeiten der Entfaltung geboten: Biologischer Landbau ist weit verbreitet und wird von der Bevölkerung gut angenommen. Gleichermaßen steht der Einkauf auf dem Bauernhof hoch im Kurs. Hier erfährt man als Verbraucher aus erster Hand, wie der Bauer seinen Acker bearbeitet und seine Tiere hält. Viele dieser selbstvermarktenden Bauern führen im Sommer gut besuchte Hoffeste durch, auf denen sich die Verbraucher auch über naturschonende Landwirtschaft informieren können.

(Nähere Informationen unter www.landwirtschaft.bayern.de)

Christkindlesmarkt – weihnachtliche Tradition in Nürnberg

Im Herzen von Nürnberg eröffnet jedes Jahr am Freitag vor dem ersten Advent Deutschlands wohl bekanntester Weihnachtsmarkt seine Buden für die Gäste aus aller Welt. Das vorweihnachtliche Spektakel geht auf das Jahr 1628 zurück – eine Geschenkschachtel aus diesem Jahr mit einem eingravierten Hinweis auf einen Kindles-Marck gilt derzeit als ältester Nachweis.

Etwa 180 Holzbuden, dekoriert mit rot-weißem Stoff, bieten ein Fest für Augen und Sinne und geben dem Christkindlesmarkt seine Bezeichnung als „Städtlein aus Holz und Tuch". Hier erhält man alles, was das Herz zu Weihnachten begehrt, angefangen beim Christbaumschmuck über Rauschgoldengel bis hin zum „Nürnberger Zwetschgenmännle". Für eine Stärkung während des Marktbummels sorgen die weltberühmten Nürnberger Lebkuchen, Bratwürste sowie Glühwein, kerniges Früchtebrot und vieles mehr.

Zur Eröffnung des Christkindlesmarkt ruft das Christkind der „Weihnachtsstadt Nr. 1" unter Glockenläuten und Kinderchorgesängen den Prolog vom Balkon der Frauenkirche herab: „Ihr Herrn und Frau'n, die Ihr einst Kinder wart, Ihr Kleinen, am Beginn der Lebensfahrt, ein jeder, der sich heute freut und morgen wieder plagt: Hört alle zu, was Euch das Christkind sagt! ..." Alle zwei Jahre wählen die Nürnberger ihr Christkind neu – bewerben dürfen sich nur Nürnbergerinnen im Alter zwischen 16 und 19 Jahren, die größer als 160 Zentimeter und absolut schwindelfrei sind.

Wo Bayern draufsteht, soll auch Bayern drin sein –

geschützte bayerische Herkunftsangaben

Die Bodenständigkeit der Bayern zeigt sich unter anderem auch in ihrem großen Interesse an ihrer heimischen Land- und Ernährungswirtschaft. Wie nirgendwo sonst in Deutschland wird darauf geachtet, dass ein möglichst hoher Anteil der hier verzehrten Speisen und Getränke aus der Region selbst kommt. Deshalb werden gerade hier so intensive Bemühungen zum Schutz der bayerischen Herkunftsangaben von Nahrungsmitteln unternommen. Denn wo Bayern draufsteht, soll auch Bayern drin sein – ganz einfach, weil Bayern eben schmeckt!

Die Qualität der landwirtschaftlichen Erzeugnisse in Bayern ist hoch, und die Kenntnisse und Fähigkeiten der Verarbeiter von Agrarprodukten beruhen auf einer jahrhundertelangen Tradition. So ist es nicht verwunderlich, dass andernorts bayerische Erzeugnisse gerne nachgeahmt werden. Doch damit wird der Verbraucher in die Irre geführt, und der gute Ruf bayerischer Lebensmittel nimmt Schaden. Deshalb entscheiden sich immer mehr bayerische Agrarproduzenten und Lebensmittelhersteller, ihre Produkte aktiv gegen Missbrauch zu schützen und die Einzigartigkeit ihrer auf der Herkunft beruhenden traditionellen Erzeugnisse herauszustellen.

Die deutsche Rechtsregelung aber auch die europäische Gesetzgebung bietet für einen umfassenden Schutz der Herkunftsangaben eine Reihe von Möglichkeiten. In Bayern gibt es viele Erzeugnisse, die als RAL-Herkunftsgewährzeichen (RAL steht für „Reichsausschuss für Lieferbedingungen“, der 1925 ins Leben gerufen wurde – heute garantiert RAL eine verlässliche Qualitätskennzeichnung von Produkten) eingetragen sind,

Coburger Kernschinken

Der milde und zarte Coburger Kernschinken, den man vor allem zur Brotzeit genießt, wird aus dem Kernstück (Ober- und Unterschale) des rohen Schinkens geschnitten.

Für Coburger Kernschinken ist beim Deutschen Institut für Gütesicherung und Kennzeichnung (RAL) ein „geographisches Herkunfts-Gewährzeichen" eingetragen. Er wird aus Schweineschinken aus fränkischer Aufzucht hergestellt. Nach der Pökelung wird entschieden, ob man den Schinken zu einem geräucherten oder luftgetrockneten Coburger Kernschinken macht. Bevor der Schinken in den Handel kommt, muss er mindestens sechs Monate reifen. Dann wiegt er noch circa 2,5–3 Kilo.

darunter so wichtige Produkte wie „Münchner Bier", „Kulmbacher Bier", aber auch beispielsweise der schmackhafte „Coburger Kernschinken".

Darüber hinaus sind eine Reihe von Schutzgemeinschaften in eigenverantwortlicher Weise für die Qualität und die garantiert bayerische Herkunft ihrer Produkte tätig. Dazu zählen etwa die entsprechenden Vereinigungen zum Schutz der Bezeichnungen „Nürnberger Rostbratwürste", „Allgäuer Emmentaler", „Allgäuer Bergkäse", „Bayerisches Bier" oder „Nürnberger Lebkuchen".

Über den nationalen Herkunftsschutz hinaus ist es vor allem die europäische Verordnung zum „Schutz von Herkunftsangaben bei Lebensmitteln", mit der die Herkunftsangaben von all jenen landwirtschaftlichen Erzeugnissen oder verarbeiteten Lebensmitteln geschützt werden können, welche eine lange Tradition aufweisen und einen engen Bezug

Nürnberger Rostbratwurst – in der Würze liegt die Kraft

Nürnberger Bratwürste sind kleine Würste mit einem Gewicht von 20–25 Gramm und einer Länge von nur etwa acht Zentimetern. Der Wortbestandteil „Brat" leitet sich nicht etwa vom Braten in der Pfanne oder auf dem Rost ab, sondern von der Wurstmasse, dem Mett, das man auch „Brät" nennt. Die Nürnberger Rostbratwurst wurde 1313 erstmals urkundlich erwähnt. Mehr erfährt man über diese Wurst aus einem Dokument aus dem Jahre 1487, in dem das Wirtshaus „Glöcklein Peim Koch" genannt wird, das an der Nordseite der Nürnberger Moritzkapelle stand. Die Ausführungen legen nahe, dass hier in einer Art Garküche Bratwürste hergestellt wurden – also hatte der Wirt über die ansonsten für Gasthäuser üblichen Rechte zum Bierausschenken und Schlachten hinaus auch das Recht zur Weiterverarbeitung.

Die Nürnberger Bratwurst wird aus grob zerkleinertem Schweinefleisch ohne Sehnen und Schweinebauch ohne Schwarte hergestellt. Typisch für

die Würzung ist gerebelter Majoran. Als weitere Gewürze verwendet man Salz, Pfeffer, Macis, Ingwer, Kardamom und Zitronenpulver – je nach überlieferter Rezeptur. Die gewürzte Fleischmasse wird in Schafssaitlinge von zwei Zentimeter Durchmesser gefüllt, aber nicht zu fest gestopft. Die Nürnberger Rostbratwurst kann gebrüht, fertig gebraten oder roh in den Verkauf kommen.

Am besten schmeckt sie aber frisch vom Holzkohlegrill, von allen Seiten knusprig gebräunt. Die gegrillten Würstchen werden gerne mit Kartoffelsalat und Meerrettich oder mit Sauerkraut und deftigem Brot gegessen. Dazu schmeckt ein würziges Bier.

Die Nürnberger Rostbratwurst ist in der gesamten Europäischen Union als „Geschützte Geographische Angabe" (G.G.A.) unter Schutz gestellt – sie darf also ausschließlich in der Stadt Nürnberg hergestellt werden.

zur Herstellungsregion haben. Darüber hinaus sollte das Erzeugnis von den Verbrauchern als hochwertiges und einzigartiges Erzeugnis wahrgenommen werden. Als Instrumente stehen für den Schutz der Herkunftsangaben die „Geschützte Ursprungsbezeichnung“ und die „Geschützte Geografische Angabe“ zur Verfügung. Die „Geschützte Ursprungsbezeichnung“ verweist darauf, dass die Erzeugung, die Aufbereitung und die Verarbeitung eines Produktes in einem eingegrenzten Gebiet erfolgen. Bei der „Geschützten Geographischen Angabe“ muss sich lediglich eine bestimmte Qualität oder das Ansehen aus einem geografisch begrenzten Gebiet ergeben.

Für welches dieser beiden Instrumente sich die jeweiligen Erzeuger entscheiden, hängt zunächst davon ab, ob Erzeugung und Verarbeitung in einem begrenzten Gebiet überhaupt stattfinden können. Ein Beispiel: Da im Allgäu Milch erzeugt und zu Käse verarbeitet wird, konnte Allgäuer Emmentaler als „Geschützte Ursprungsbezeichnung“ eingetragen werden. Da Orangeat, Zitronat, Mandeln und viele Gewürze der Nürnberger Lebkuchen nicht aus Nürnberg kommen, kam für diese geografische Bezeichnung nur eine „Geschützte Geographische Angabe“ in Betracht. Für über 100 bayerische land- und ernährungswirtschaftliche Erzeugnisse ist die Herkunftsangabe bereits geschützt oder es laufen derzeit entsprechende Antragsverfahren.

Spezielle europäische Regelungen bieten darüber hinaus Qualitäts- und Herkunftsschutz für spezielle Branchen, so etwa für Spirituosen wie z. B. „Fränkisches Kirschwasser“ oder „Ettaler Klosterlikör“, für andere alkoholische Getränke wie etwa „Nürnberger Glühwein“ oder für Weinbauerzeugnisse, für die sich Bayern die Bezeichnungen „Frankenwein“ und „Silvaner Q.b.A. aus Franken“ schützen ließ.

Jede Qualitäts- und Herkunftsangabe ist aber nur so gut wie ihre Kontrolle. Damit ein Unternehmen eine geschützte Bezeichnung führen darf, muss es sich von einer unabhängigen Kontrollstelle überwachen lassen. Diese überprüft, ob der Hersteller des Erzeugnisses die Anforderungen der Spezifikation erfüllt.

(Nähere Informationen unter www.spezialitaeten.bayern.de)

Ettaler Klosterlikör – eine wohltuende Kräutertinktur

Bayerische Klöster waren nicht nur große Meister im Bierbrauen, sondern auch in der Bereitung von Kräuterlikören. Kloster Ettal, Kloster Benediktbeuren oder auch Kloster Chiemsee sind berühmt für ihre oft jahrhundertealte Likörtradition. Kloster Ettal wurde zu Beginn des 14. Jahrhunderts von Kaiser Ludwig IV., dem Bayern, gegründet. Hier wurde schon lange Bier gebraut, als man um ca. 1600 auch mit der Likörherstellung begann. Die Säkularisierung im Jahre 1803 beendete zwar vorläufig auch das klerikale Leben in Kloster Ettal, die Klosterbrauerei wurde jedoch zunächst auf Staatskosten weiter betrieben. Nachdem sie schließlich gemeinsam mit den Klostergebäuden mehrfach den Besitzer gewechselt hatte, ging die Brauerei im Jahre 1900 wieder in den Besitz des neugegründeten Klosters über. Die Mönche bereiten seither den Klosterlikör in der alten Ettaler Tradition weiter zu.

Ettaler Klosterlikör ist ein Naturprodukt aus 40 wohltuenden Kräutern. Die Mixtur geht auf die Rezeptur eines mittelalterlichen Klosterapothekers zurück. Ettaler Klosterlikör darf laut europäischer und nationaler Schutzverordnung nur in Ettal nach Maßgabe der dortigen Praxis hergestellt werden.

Öko und Bio im Bayernland

Genauso nachhaltig wie sich Bayern für die Qualität seiner konventionell erzeugten land- und ernährungswirtschaftlichen Produkte einsetzt, wird hier auch die Qualität ökologisch erzeugter Produkte gefördert. Die Nachfrage nach Öko-Produkten hat enorm zugenommen. Das Bayerische Staatsministerium für Landwirtschaft und Forsten unterstützt die Verbraucher in dem Wunsch nach gesunden Bio-Lebensmitteln mit dem eigens zu diesem Zweck geschaffenen Qualitätszeichen für ökologische Produkte mit Herkunftsangabe. Dieses Zeichen weist die Verbraucher leicht erkennbar auf bayerische Lebensmittel aus ökologischer Herstellung hin und garantiert gleichzeitig, dass die Verarbeitung bis zum fertigen Produkt in der Region erfolgt. Regelmäßige Kontrollen und konsequente Einhaltung der Qualitäts- und Prüfbestimmungen des Staatsministeriums sorgen für die Qualität dieser Produkte.

Das Öko-Zeichen dürfen alle direktvermarktenden Landwirte und der Landwirtschaft nachgelagerte Unternehmen nutzen, die Öko-Produkte erzeugen und die Prüfkriterien erfüllen. Auch Handelsunternehmen können für den Vertrieb dieser Waren das Öko-Zeichen erhalten. So ist ökologische Qualität vom Feld bis zum Einkaufskorb gesichert – für die Gesundheit der Verbraucher und zur Schonung der Umwelt!

(Nähere Informationen unter www.oeko-qualitaet.bayern.de)

Bayerisches Bier – weltberühmt

Bayerisches Bier ist in der ganzen Welt beliebt. Und so verwundert es nicht, dass sich die älteste Brauerei der Welt in Bayern befindet und dass es hier noch sechs aktive Klosterbrauereien gibt, von denen Kloster Andechs weit über die Grenzen Bayerns hinaus bekannt ist (s. S. 13). Zwei Brauereien befinden sich sogar noch in städtischem Besitz. Und das weltbekannte Münchner Hofbräuhaus gehört sogar dem Land, Verzeihung, dem „Freistaat“ Bayern.

Im Freistaat Bayern findet man sogar die ältesten beglaubigten Nachweise für eine Brautätigkeit in Deutschland überhaupt: In der Klosterbrauerei Weihenstephan als ältester in Bayern noch bestehender Brauerei wurde 1040 offiziell mit dem Brauen begonnen – in diesem Jahr konnte Abt Arnold das Brau- und Schankrecht von der Stadt Freising einholen.

Auch das Zeitalter der modernen Braukunst begann vor fast 500 Jahren in Bayern: Im Jahre 1516 erließen die bayerischen Herzöge Wilhelm IV. und Ludwig X. ein Reinheitsgebot für Bier, das als ältestes Lebensmittelgesetz der Welt gilt. Nach diesem Reinheitsgebot wird festgelegt, dass Bier nur aus Wasser, Malz, Hopfen und Hefe gebraut werden darf. Damit wurde die im Mittelalter übliche Verunreinigung des Bieres mit allerlei dubiosen Beimischungen unterbunden. Bis heute erwartet der Verbraucher vom bayerischen Bier (und nicht nur vom bayerischen), dass es ohne chemische Zusatzstoffe oder Malzersatzstoffe gebraut ist.

Heute gibt es insgesamt noch an die 650 Brauereien in Bayern. Das sind mehr als die Hälfte aller deutschen Braustätten und 44 Prozent aller Brauereien der Europäischen Union. Die bayerischen Brauereien produzieren mit über 4000 Biermarken insgesamt über 20 Millionen Hektoliter Bier pro Jahr. Die Qualität und das hohe Ansehen bayerischer Biere sind vor allem auf die Jahrhunderte währende Brautradition zurückzuführen, in deren Verlauf sich die unterschiedlichen Rezepturen mit einer auf der Welt einzigartigen Sortenvielfalt entwickeln konnten.

Die Zutaten zur bayerischen Biervielfalt werden übrigens weitgehend aus der Region selbst bezogen. Bayern ist nämlich auch ein wichtiges Braugerstenerzeugerland und das führende Erzeugerland von Hopfen. Die Hallertau nördlich von München ist das größte Hopfenanbaugebiet der Welt. Jede Brauerei hat ihr eigenes Konzept der Bierbereitung, um so Biere mit individuellem Charakter anzubieten, die je nach Farbe, Geruch, Aussehen und Geschmack unverwechselbar sind.

Die ältesten Brauereien in Bayern

1040	*Bayerische Staatsbrauerei, Weihenstephan (ehem. Benediktiner Klosterbrauerei)*
Um 1050	*Klosterbrauerei Weltenburg*
Um 1050	*Herzoglich Bayerisches Brauhaus, Tegernsee*
1100	*Schlossbrauerei Herrngiersdorf*
1119	*Klosterbrauerei Scheyern*
1150	*Klosterbrauerei Biburg (ehem. Benediktiner Klosterbrauerei)*
Um 1150	*Brauerei Mühlbauer & Söhne (ehem. Schlossbrauerei)*
1160	*Graf von Moy Hofbräuhaus, Freising (ehem. Bischöfliche Brauerei)*
1182	*Klosterbrauerei Irsee*

„In München steht ein Hofbräuhaus ..."

Wer kennt nicht das berühmte Lied: „In München steht ein Hofbräuhaus – oans, zwoa, g'suffa". Die Melodie dieser weltberühmten bayerischen Bierhymne stammt allerdings kurioserweise nicht aus München, sondern aus dem weit entfernten Berlin. Zum Text seines Freundes Klaus Siegfried Richter aus dem bayerischen Hindelang schrieb der Berliner Komponist Wiga Gabriel 1935 die Musik in einem dortigen Café. Doch Berlin hin und Lied her – das Hofbräuhaus mit seiner über 400-jährigen Geschichte ist und bleibt eine Münchner Institution. Weil dem bayerischen Hofstaat im 16. Jahrhundert das eigene Bier nicht gut genug schmeckte, musste das gelbe Gold aus der niedersächsischen Stadt Einbeck importiert werden. Um dem Kostenaufwand Einhalt zu gebieten, ließ Herzog Wilhelm V. im Jahre 1589 schließlich ein eigenes Brauhaus errichten. 1607 gab Maximilian I. den Neubau des größeren Hofbräuhauses am Platzl in Auftrag, denn das alte Haus platzte aus allen Nähten. Weil die Gäste jedoch nach wie vor auch das stärkere Bier aus Einbeck bevorzugten, kam der Wirt diesem Wunsch nach und bot Anfang 1614 das erste in München gebraute Bier nach „Ainpockhischer Art" an, das später als „Maibock" großen Zuspruch fand.

Als Bayern im Jahre 1806 zum Königreich erhoben wurde, stieg das Hofbräuhaus zum „Königlichen Hofbräuhaus" auf. Im Laufe des 19. Jahrhunderts wurde der Zulauf zum Hofbräuhaus so groß, dass das Gebäude am Platzl 1897 umgebaut und erweitert werden musste. Leider wurde im Zweiten Weltkrieg auch das 1852 bereits in bayerischen Staatsbesitz übergegangene Hofbräuhaus schwer getroffen. Rechtzeitig zur 800-Jahr-Feier der Stadt München im Jahre 1958 wurde der Festsaal im Hofbräuhaus in alter Pracht eröffnet, womit die Renovierungsarbeiten abgeschlossen waren.

Die in Bayern beliebtesten Biersorten sind das Weizenbier, das so genannte „Helle“ und „Dunkle“ sowie Pils. Bei der Bereitung des obergärigen Weizenbieres wird dem Ausgangsrohstoff Gerste für die Malzbereitung auch Weizen zugesetzt – so entsteht ein helles, malzaromatisches und schwach hopfenbitteres Bier mit viel Kohlensäure. Ein Helles ist ein feinwürziges untergäriges Lagerbier, das im Sommer – mit Zitronenlimonade vermischt – gern als erfrischendes „Radler“ getrunken wird. Dunkles ist ebenfalls untergäriges Bier, malzaromatisch und vollmundig. Bier nach Pilsener Brauart ist auch untergärig, aber betont feinherb und hopfenbitter. Und dann gibt es in Bayern natürlich noch die Spezialbiere wie das „Märzen“ oder das „Bockbier“.

Eine kurze Geschichte der Münchner Biergärten

Nach der spätmittelalterlichen bayerischen Brauordnung aus dem Jahre 1539 durfte nur zwischen dem Festtag des heiligen Michael am 29. September und dem Ehrentag des Heiligen Georg am 23. April gebraut werden. In den Sommermonaten war das Brauen wegen der Brandgefahr durch das Sieden verboten. Um dennoch in den heißen Monaten ausreichend Biervorräte zu haben, braute man am Ende der Brausaison haltbareres, stärkeres Bier – das Märzenbier. Es wurde in Kellern gelagert, um es kühl zu halten. Gegen die hartnäckige Sommersonne pflanzten die Brauer vor die Kellereingänge Schatten spendende Kastanien. Und weil sie ihr Bier auch direkt an die Bevölkerung verkaufen wollten, stellten sie unter den Kastanienbäumen Tische und Bänke auf, um dort ihre kühle Erfrischung anzubieten – das war die Geburtstunde des berühmten bayerischen Biergartens!

Zunächst brachten die Kunden ihren eigenen Maßkrug mit, um das gekaufte Bier mit nach Hause zu nehmen. In den heißen Sommermonaten wurde das Bier jedoch oft bereits direkt vor Ort verzehrt. Münchens Wirte protestierten gegen diese neue Konkurrenz, und um es nicht mit beiden Seiten zu verderben, genehmigte Bayern-König Ludwig I. einerseits den Bierausschank über den Braukellern, verfügte aber andererseits, dass die Brauer kein Essen verkaufen durften. Wer also seine Maß Bier genüsslich im Schatten der Kastanienbäume genießen wollte, musste seine Brotzeit selbst mitbringen.

Die Verfügung Ludwig I. ist inzwischen nicht mehr gültig, und in den meisten Biergärten sorgen heute Stände für das leibliche Wohl. Doch in vielen Biergärten ist es noch immer Sitte, sich seine Brotzeit selbst mitzubringen. Diese bezeichnen sich dann zur besseren Unterscheidbarkeit als „traditioneller Biergarten“.

Bayerische Bierlegenden

Im Märzen der Brauer

Vor der Erfindung der Linde-Kühlmaschinen in der zweiten Hälfte des 19. Jahrhunderts war das Brauen von Bier ein sehr temperaturabhängiges Unterfangen. Untergäriges Bier lässt sich zwar länger lagern, aber nur bei Temperaturen unter neun Grad brauen – also ausschließlich im Winter. Im Sommer musste man also auf obergäriges Bier ausweichen, weshalb dieses früher überwog. Außer in Bayern! Denn in Bayern mit seinen langen Wintern und der Möglichkeit, Eis aus den Bergen in Kellern zu lagern und im Sommer zur Temperatursenkung zu nutzen, braute man fast nur untergärig. Das Bier reichte sogar über den Sommer, denn bis in den März konnte man mit Sicherheit untergärig brauen. Damit das Bier den Sommer gut überstand, setzte man ein wenig mehr Würze ein, wodurch das Bier kräftiger und besonders gut schmeckte. Und so wurde das „Märzen" auf dem 1810 eingeführten Oktoberfest zum offiziellen „Wies'n-Bier".

Der Hirschgarten - Münchens größter Biergarten

Auf dem Gelände des heutigen Hirschparks im Westen der Münchner Innenstadt wurde um 1720 eine Fasanerie angelegt. 1767 baute man dann hier für die kurfürstlichen Brauhäuser Hopfen an, neun Jahre später wurden junge Maulbeerbäume gepflanzt, um eine Seidenraupenzucht aufzubauen. Im Sommer 1780 beauftragte Kurfürst Carl Theodor seinen Oberstjägermeister Freiherr von Waldkirch auf dem etwa 40 Hektar großen Areal einen abgezäunten „Tiergarten" anzulegen und ihn mit 100 Hirschen zu besetzen. Der Kurfürst gestattete auch dem Volke den Besuch des Hirschgartens, der sich seither regen Zuspruchs erfreut, vor allem auch durch das 1791 als Gaststätte errichtete so genannte Jägerhaus.

Der „Königliche Hirschgarten" ist heute mit 8000 Sitzplätzen Münchens größter Biergarten. Fünf Schänken gibt es im Hirschgarten, zwei davon alleine für Weißbier. Eine Grillstation, die Kaffee- und Schmalznudel-Hütt`n, das Stamperl-Eck und der Steckerlfisch-Stand bieten eine reiche Auswahl an bayerischen Schmankerln. Hier kann man seine Brotzeit ruhig in der Tasche lassen!

Irseer Klosterbräu - das Benedektinerbier

Die Klosterbrauerei Irsee zählt zu den ältesten Brauereien Deutschlands. Das Kloster wurde im Jahre 1182 von Benediktinern gegründet. Während der Bauernkriege zu Beginn des 16. Jahrhunderts gingen die Klostergebäude und die Klosterkirche in Flammen auf und konnten nur langsam wieder aufgebaut werden. Zu Beginn des 18. Jahrhunderts erfolgte der völlige Neubau des Klosters, dessen Baulichkeiten nunmehr dem Repräsentationsbedürfnis eines Reichsstifts gerecht werden mussten. 1748/49 entstand der Neubau der Klosterbrauerei, in dem heute das

„Klosterstüble“ untergebracht ist. Im Rahmen der Säkularisierung wurde das Kloster 1803 aufgehoben und die Klosterkirche zur Ortspfarrkirche umfunktioniert, die Wirtschaftsgebäude wurden teilweise auf Abbruch verkauft. Ab Mitte des 19. Jahrhunderts war im Kloster eine Heil- und Pflegeanstalt untergebracht. Zwischen 1974 und 1981 erfolgte die umfassende Renovierung der Kirche und der Umbau des Klosters zum Bildungszentrum des bayerischen Bezirks Schwaben. Rechtzeitig zur 800-Jahr-Feier konnte Kloster Irsee so wieder in neuem Glanz erstrahlen!

Die Tradition des Brauens reicht in Kloster Irsee weit zurück. Über Jahrhunderte wurde der Gerstensaft im Kloster allein zum eigenen Verbrauch hergestellt – ein Garant für die hohe Qualität der Biere, die der Gast heute genießen darf. Im Zuge der Klosterrenovierung wurden auch die historischen Brauereigebäude neu hergerichtet, liebevoll die Gemäuer, Gewölbe und Fresken im Gasthof erneuert. Und hier wird das Bier weiterhin auf traditionelle Weise gebraut. In 80 bis 180 Tagen reift das Irseer Klosterbier je nach Sorte im kalten Gewölbekeller – klösterlich gebrautes Bier braucht einfach Zeit, um seinen mild-würzigen Geschmack entfalten zu können! Und dieses naturbelassene Bier wird in der Gaststube zu kulinarischen Klassikern wie Bierbrotsuppe, Spanferkelkrustenbraten in Starkbiersoße, Brauergeröstel oder Spanferkel ausgeschenkt.

Fränkischer Wein

Das fränkische Weinbaugebiet erstreckt sich zwischen Aschaffenburg und Haßfurt über die Südhänge des Maintals und seiner Nebenflüsse sowie über die westlichen Ausläufer des Steigerwaldes. Mainaufwärts Richtung Osten nimmt der kontinentale Klimaeinfluss zu. Die Sommer sind hier trocken und warm, was Rebstöcke zu schätzen wissen. Historisch geht der Weinbau in Franken auf Karl den Großen zurück, der der Abtei in Fulda im Jahre 777 einen Weinberg in Hammelburg schenkte – die Urkunde darüber ist der erste schriftliche Beweis über den Weinbau in der Region. Im Mittelalter waren Stifte und Klöster die treibenden Kräfte für den Weinbau in Franken, allen voran die Würzburger Fürstbischöfe. Sie sorgten dafür, dass die Rebflächen im Mittelalter hier eine enorme Ausdehnung erreichten. Der Niedergang des Klosterlebens, Säkularisation und wirtschaftliche Schwierigkeiten schränkten den Weinbau jedoch

wieder ein, der sich heute auf die wirklich geeigneten, klimatisch geschützten Flächen in Höhenlagen zwischen 150 und 250 Metern, im Steigerwald bis zu 400 Metern, konzentriert. Das für den Frankenwein häufig benutzte Synonym „Steinwein" (Riesling) rührt von der weltberühmten Lage „Stein" im Stadtgebiet von Würzburg her.

Früher war der Frankenwein in der typischen Bocksbeutelflasche kaum außerhalb der Region zu finden. Doch mit der „trockenen Welle" wurden Frankenweine auch außerhalb ihres Ursprungsgebietes zunehmend wahrgenommen, nicht zuletzt weil die fränkischen Winzer es mit der Qualität besonders streng nahmen. Und der Begriff „trocken" wird in Franken besonders strikt ausgelegt: „Fränkisch trocken" (im Volksmund auch „furztrocken" genannt) bedeutet nicht mehr als vier Gramm Restsüße pro Liter Wein. Dies alles lässt sich natürlich nur realisieren, wenn auch die Erntemenge den Erfordernissen entsprechend reduziert wird.

Die unterschiedlichen Bodenverhältnisse in einem geografisch so großen und zersplitterten Gebiet wie Franken bringen auch diverse Geschmacksnuancen bei den überwiegend trockenen Weinen hervor, die von leicht, spritzig und kernig über kräftig bis zum würzigen Charakter reichen. Die traditionelle Rebsorte Frankens ist der Silvaner, der herzhafte und würzige Weine erbringt. Des Weiteren wird die Müller-Thurgau-Rebe für frische und fruchtige Weine kultiviert. Und natürlich der Riesling für ausgeprägt blumige und säurebetonte Weine. Danach folgen Bacchus und Scheurebe. Rote Trauben nehmen nur einen geringen, aber steigenden Stellenwert ein und werden hauptsächlich im Raum Miltenberg angebaut mit einem Schwerpunkt auf der Spätburgunderrebe für samtige Weine.

Unter den fränkischen Winzern dominiert der Kleinbetrieb. Doch es gibt auch einige große Weingüter. Etwa die Hälfte des Ertrages wird über Genossenschaften vermarktet, die andere Hälfte wird direkt vertrieben oder geht über den Handel. Das „Markenzeichen“ der Frankenweine ist der Bocksbeutel, eine traditionelle bauchige Flasche, in die Qualitätsweine abgefüllt werden.

Der Bocksbeutel – eine Weinflasche mit Geschichte

Warum der Bocksbeutel, also die typisch fränkische Weinflasche, so aussieht wie sie aussieht, ist nicht gänzlich geklärt. Die einen meinen, dass die unverwechselbare flachbäuchige Kugelflasche mit plattem Stehboden und kurzem Röhrenhals auf die Form jenes Organs zurückgeht, das den Ziegenbock zum Bock macht. Die anderen meinen, dass der Name Bocksbeutel von der „Bugs“, der Hose fränkischer Landsknechte, herrühre, die sich die praktische flache Flasche als Proviantbehälter umhingen.

Eine erste annähernde Abbildung einer Bocksbeutelglasflasche ist auf einem Relief des Würzburger Juliusspitals vom Ende des 16. Jahrhunderts zu sehen. Entscheidend für die Bocksbeutelkarriere war der im Jahre 1726 gefasste Beschluss des Würzburger Stadtrats, Steinweine des vorzüglichen Jahrgangs 1718 in gläserne Bocksbeutel von einer Maß (1,22 l) abzufüllen und mit einem städtischen Siegel zu versehen.

Die kulinarischen Regionen

Franken, Oberpfalz, Schwaben, Niederbayern, Oberbayern

Der wechselvolle Verlauf der bayerischen Geschichte legt bereits die Vermutung nahe, dass in diesem Land die Kochtraditionen nicht einheitlich sein können. Und in der Tat: Vielfalt ist in Bayern angesagt, was das Land kulinarisch umso interessanter macht!

Doch zunächst einmal gilt es eine grundsätzliche Abschottung der bayerischen Lande gegenüber dem Rest Deutschlands, ja der ganzen Welt zu konstatieren. So wie sich die Deutschschweiz von der romanischen Schweiz durch den „Röstigraben" abgrenzt, so zieht auch Bayern eine unsichtbare Grenze: den so genannten „Weißwurstäquator". In Bayern geht man nämlich von der Vorstellung aus, dass es nördlich des „Weißwurstäquators" keine akzeptablen Weißwürste mehr gibt. Diese zu produzieren ist in der Tat gar nicht so einfach. Richtige Weißwürste werden nämlich nur aus Kalbfleisch, Schweinerückenspeck, gekochtem Kalbskopf und frischer Petersilie hergestellt. Zunächst legt man sie in reichlich kochendes Wasser (für sechs Stück braucht man etwa ein Liter), dann nimmt man den Topf von der Kochstelle und lässt die Weißwürste noch acht Minuten ziehen. Auf den Tisch kommen sie in einer Terrine mit heißem Wasser. Dazu passen am besten: original Weißwurstsenf, frische Brez'n und Weißbier – Mahlzeit! Oder: „An Guaden", wie man in München sagt.

Aber nicht nur die Geschichte Bayerns prägt die regionale Esskultur des Landes, sondern ganz maßgeblich sind hierfür neben den sozialen Verhältnissen auch die örtlichen Gegebenheiten zur landwirtschaftlichen Nutzung. So wird beispielsweise im Süden von Schwaben und Oberbayern angesichts der hier herrschenden geografischen und klimatischen Voraussetzungen die landwirtschaftliche Fläche fast ausschließlich als Dauergrünland genutzt. In Nordbayern hingegen herrscht in weiten Teilen vorwiegend eine ackerbauliche Nutzung vor. Daraus erklärt sich zwangsläufig, dass im Alpenvorland Milch und Fleisch eine wichtige Rolle in der Küche spielen, während in den Niederungen Bayerns Getreide, Obst, Gemüse und Kartoffeln die Rezepte stärker beeinflussen. Und so gibt es auch in Bayern Regionen, die von der Natur besonders verwöhnt sind,

Paartaler Bauernschinken – ein idealer Spargelbegleiter

Die Paar ist ein kleiner bayerischer Fluss, der in Kaltenberg im Landkreis Landsberg/Lech entspringt und nach einem Verlauf von 134 Kilometern Länge durch hügeliges Gelände bei Vorberg in die Donau mündet. Aufgrund der hier vorherrschenden kleinstrukturierten Landwirtschaft ist im Paartal die Landschaft noch ursprünglich erhalten und bietet vielen seltenen Pflanzen und Tieren einen Lebensraum.

Die Herstellung des Paartaler Bauernschinkens, einem Schinken aus Schweinefleisch, der geräuchert oder luftgetrocknet wird, folgt weitgehend alten bäuerlichen Traditionen. Das Schweinefleisch wird von Hand ausgelöst, anschließend mit Salz eingerieben und schließlich in ein Surfass (Pökelbehälter) mit Pfeffer und Wacholder gelegt. Nach dem Pökeln wird der Schinken im Kamin geräuchert oder in einer Glimmanlage luftgetrocknet.

Paartaler Bauernschinken wird gerne zur Brotzeit verzehrt. Ein besonderer Genuss ist es aber, wenn luftgetrockneter Paartaler Bauernschinken zu Schrobenhausener Spargel gereicht wird.

Fränkischer Zwetschgenbahmes – ein geräuchertes Stück Franken

Fränkischer Zwetschgenbahmes ist ein herzhafter, geräucherter Rinderschinken, eine trocken gesalzene Rolle vom Rind mit leichter Knoblauchnote. Der rohe Schinken wird zunächst mehrere Wochen in eine Salz- und Gewürzlauge eingelegt und dann in den Rauch gehängt. Er erhält seine dunkle Farbe und feste Konsistenz durch die Reifezeit von mindestens zwölf Wochen bei leichter Räucherung. Zum Schluss wird er luftgetrocknet. Diese urfränkische Spezialität schmeckt am besten hauchdünn aufgeschnitten zu einem deftigen Bauernbrot mit Butter.

Der Name „Zwetschgenbahmes“ verweist auf den Zwetschgenbaum: Nimmt man den Schinken aus dem Rauch und schneidet ihn durch, erinnert die Färbung des Fleisches an die Schnittfläche eines gefällten Zwetschgenbaumes – außen dunkel, innen hell. Das Holz des Zwetschgenbaumes ist darüber hinaus ein sehr hartes Holz. Lässt man den Schinken nach dem Räuchern drei Monate an der Luft hängen, wird auch der Schinken sehr hart, weil er so die Hälfte seines Gewichtes verliert.

wie etwa das reiche Niederbayern mit seinen vielen kulinarischen Besonderheiten, und Regionen wie etwa die karge Oberpfalz, in denen traditionell eher Schmalhans Küchenmeister war.

Und dennoch – ob reich oder arm, die Bayern haben es immer verstanden, das Beste aus dem Vorhandenen zu machen. Daraus entstanden die „Schmankerln", jene kleinen Genüsse, die man gerne zwischendurch verzehrt und die in ganz besonderem Maße die bayerischen Essgewohnheiten in ihrer regionalen Ausgestaltung charakterisieren.

Wie unterschiedlich die Essgewohnheiten in den bayerischen Regionen sind, lässt sich sehr gut am Rindfleischverzehr verdeutlichen. In Oberbayern ist das so genannte Tellerfleisch sehr beliebt. Dabei handelt es sich um gekochtes Rindfleisch (traditionell Ochsenfleisch), das in Scheiben geschnitten, mit wenig heißer Brühe begossen auf einem Holzteller serviert wird. Dazu gibt es Salz und Pfeffer und als Beilagen Meerrettichsoße, Salzkartoffeln oder Weißbrot. Im Münchner Raum hingegen wird besonders das Kronfleisch geschätzt. Das Kron (Zwerchfell vom Rind) wird nur zehn Minuten gekocht und dann am besten mit bayerischem, frisch geriebenem Meerrettich angerichtet. Für Franken und Altbayern typisch ist wiederum der Tafelspitz, ein besonders zartes Stück Rindfleisch aus der Keule.

Solche regionalen Unterschiede sind allerorten anzutreffen. So unterscheidet sich die Vesper der Schwaben beispielsweise ganz entscheidend von der bayerischen Brotzeit. Die Allgäuer haben ihren eigenen Käse. Und während die Schwaben ihre Spätzle und ihre Maultaschen bevorzugen, ist man im übrigen Bayern eher auf Knödel erpicht. Auch bei den Würsten sieht die bayerische Welt ganz unterschiedlich aus. Die Münchner haben ihre Weißwurst, die Nürnberger ihre Rostbratwürste, die Bamberger ihre Blauen Zipfel, die Coburger und die Franken ihre eigene Bratwurst – und alle zusammen genießen den Leberkäs, in dem allerdings kein einziges Gramm Leber enthalten ist.

(Nähere Informationen unter www.spezialitaeten.bayern.de)

Bayern bittet zu Tisch!

Prinzregent und Nonnenfurz – Bayerische Brot- und Backwaren

Wie das Metzgerhandwerk hat auch das Bäckerhandwerk in Bayern eine lange Tradition. Die Geschichte der Bäckerzünfte reicht bis in das Mittelalter zurück. So dokumentieren die alten Satzungsbücher, dass sich die in Nürnberg ortsansässigen Bäcker bereits vor über 700 Jahren in einer Zunft zusammengefunden hatten.

Bei einer so langen handwerklichen Tradition ist auch das Angebot bayerischen Brotes und bayerischer Backwaren entsprechend breit. Es umfasst die ganze Palette der Weizen-, Roggen- und Mischbrote mit verschiedensten Zutaten wie Samen oder Nüssen. Und diesen Variantenreichtum

Fränkisches Holzofenbrot – knusprige Brottradition

Das Fränkische Holzofenbrot ist ein sehr aromatisches Roggenbrot mit besonders kräftiger Kruste. Das Gewicht des großporigen Laibes beträgt ca. 2000–5000 Gramm. Es wird schon seit Jahrhunderten in Franken, vor allem auf den größeren Bauernhöfen und den abgelegenen Dörfern im Jura in speziellen Holzöfen aus Schamottsteinen, die nach oben hin leicht gewölbt sind, gebacken. Die Handwerkskunst des Holzofenbaus wird heute leider nur noch von wenigen Fachleuten beherrscht.

Zur Herstellung des Holzofenbrotes wird ein Sauerteig aus Roggenmehl, Wasser und Salz bereitet. Am Ende der langen Reifezeit des Teiges wird im Holzofen auf der Backfläche naturbelassenes Holz abgebrannt. Wenn der Ofen die Backtemperatur erreicht hat, wird die Holzglut aus dem Ofen geräumt und mit einem langen Buchenholzschießer werden die mit Sorgfalt handgeformten Teiglinge „eingeschossen". Das Brot wird über eine Stunde lang gebacken. Die Hitzestrahlung gibt dem Brot die knusprige, herzhafte Kruste und sein urtypisches Aroma.

braucht's auch, denn was wäre Bayern ohne seine Brotzeit? Unter den herzhaften Broten ist das Holzofenbrot besonders aromareich und mit seiner starken Kruste außerordentlich schmackhaft. Auch verschiedene süße Brote bereichern das Angebot. Ihre Herstellung ist oft noch saisonal an den kirchlichen Jahresablauf gebunden, wie beispielsweise der Allerseelenzopf. Überhaupt spielen Gebildebrote im jahreszeitlichen Wechsel in Bayern ein große Rolle, so backt man zu Ostern gerne Hasen, zur Kirchweih Kränze und zur Weihnacht Stollen.

Herzhafte und süße Backwaren gehören einfach zum bayerischen Tagesablauf dazu. Die wirklich gute bayerische Hausfrau kann nämlich nicht nur köstlich kochen, sondern auch mindestens genauso hervorragend backen Die Kuchenauswahl ist reichhaltig: ob nun aus Hefeteig, Rührteig, Mürbteig, Blätterteig, Brandteig oder Biskuitteig, ob als Blechkuchen, Strudel, Küchle, Zopf, Rundkuchen, Torte oder Kleingebäck. Herzhaft sind dagegen der Zwiebelkuchen oder der freitägliche Mehlkuchen.

Genauso gut wie zum Kaffee der Kuchen schmeckt, passt auch das reichhaltige Kleingebäck dazu. Da gibt es Butter- und Schmalzgebäck, Plätzchen, Gewürzkekse, Honiggebäck, Früchtebrot oder Lebkuchen – all dies bereichert den bayerischen Speisezettel und macht ihn so anziehend für Genießer von süßen und herzhaften Speisen!

Brez'n – das bayerische Nationalgebäck

Die Brez'n wird als das typische bayerische Laugengebäck von nahezu jeder Bäckerei im Lande hergestellt. Sie ist fester Bestandteil der bayerischen Brotzeitkultur und zudem unverzichtbare Beilage zur Weißwurst und zum Leberkäse.

Die Brez'n hat als Gebildebrot wohl ihren Ursprung im römischen Ringbrot, das im Zuge der Christianisierung als Abendmahlbrot diente und das es im Mittelalter insbesondere in Klöstern gab. Zunächst entstand daraus eine abgewandelte Form, bis je zwei einarmige Brez'n zu ihrer heutigen Form zusammengefügt wurden. So erklärt sich auch der römische Ursprung der Bezeichnung „las brachiatellium“ (= Ärmchen), die althochdeutsch in „Brezitella“ abgewandelt wurde – die Brez’n symbolisiert so die zum Beten vor der Brust verschränkten Arme.

Der Brez’n-Teig besteht aus Weizenmehl, Wasser, Hefe, Salz, Natriumcarbonat und Fett. Die Kruste ist dünn, kastanienbraun und glänzend. Nachdem der Hefeteig ausreichend gegangen ist, taucht man die Brez’n auf einem Gitter kurz in eine verdünnte Natronlauge. Anschließend wird die Brez’n mit grobem Salz bestreut und bei einer Temperatur von 230 bis 240 Grad zwölf bis 16 Minuten gebacken. Nach dem Backen müssen Laugenbrez’n gut auskühlen und trocken aufbewahrt werden, weil sonst die dünne salzige Kruste Wasser zieht.

Die Mundsemmel – ein kurfürstliches Bayernbrötchen

Was man im übrigen Deutschland ein Brötchen nennt, heißt in Bayern Semmel. Eine Besonderheit unter den Semmeln ist die typische Münchner Mundsemmel. Als besonderes Kennzeichen wird ihr mit einem Stempel ein Kreuz in den Teig gedrückt. Semmeln werden aus Weizenmehl, Hefe, Wasser, Salz, Zucker und Backfett hergestellt, sind relativ großvolumig und haben einen hohen Krustenanteil. Kurz vor der halben Garzeit werden die Teiglinge mit Fett oder Öl bestrichen, erhalten ihren viergeteilten Stempelaufdruck, werden gewendet und bei 220 bis 240 Grad zu Ende gebacken. Ihre Kruste wird goldgelb, ihre Rösche hält bei sachgerechter Lagerung vier bis sechs Stunden an. Semmeln werden zum Frühstück mit Butter und Marmelade oder zur Brotzeit mit Wurst oder Käse gegessen.

Das Wort „Semmel“ stammt wahrscheinlich vom lateinischen „semula“ ab, einem Weizengebäck, das in Süddeutschland auch noch nach der Römerzeit weiter hergestellt wurde. Die heutige Münchner Semmel entstand im 19. Jahrhundert, als der neue Pächter der Münchner Hofpfisterei, einer Mühle mit angeschlossener Bäckerei, eine neue Gebäcksorte einführte, die er aus besserem Mehl, dem so genannten „Mundmehl“, herstellte, weswegen man das Gebäck auch „Mundgebäck“ nannte. Ursprünglich gab es die Mundsemmeln nur am kurfürstlichen Hof, doch andere Bäcker ahmten die Semmeln bald wegen ihrer guten Qualität nach.

Allerseelenzopf

Allerseelen wird in jedem Jahr am 2. November im Andenken an alle verstorbenen Gläubigen mit Fürbitte für die „armen Seelen" im Fegefeuer gefeiert. Vielfältiges Brauchtum rankt sich insbesondere im Alpenraum um Allerseelen. Unter anderem wird Brot im Gedenken an die Verstorbenen gespendet. Der Seelenzopf ist ein altes Gebildebrot, das früher nur an Allerseelen gebacken wurde, um es an die so genannten „Seelenleute", also Bedürftige, auszuteilen. Jedes „Vergelt´s Gott" für diese Spende erlöste nach altem Glauben eine Seele aus dem Fegefeuer. In manchen Gegenden wurde der Seelenzopf auf das Grab gelegt, weil man glaubte, dass die Seelen der Verstorbenen in der Nacht von Allerheiligen auf Allerseelen an den Ort des irdischen Wirkens zurückkehrten und sich von den bereitgestellten Speisen nehmen konnten. Wenn auch die Tradition, den Allerseelenzopf zu verschenken, weitgehend in Vergessenheit geraten ist, so blieb dieser etwa 30 Zentimeter lange Zopf aus feinem süßlichem Hefeteig, dessen Teigstränge nur an den Enden geflochten sind und in der Mitte parallel verlaufen, dennoch ein beliebtes Gebäck, das vor allem zum Frühstück oder Nachmittagskaffee, gerne mit Butter und selbst gekochter Marmelade bestrichen, verzehrt wird.

Zutaten

(Für einen Zopf)

— 1 kg Mehl (Typ 405)
— 500 ml Milch
— 30 g Hefe
— 100 g Zucker
— 200 g Butter
— 1 Prise Salz

Zubereitung

— Einen Vorteig aus einem Teil des Mehls, einem Teil der lauwarmen Milch und der Hefe herstellen.
— Den Vorteig etwa 15 Minuten gehen lassen.
— Dann die restlichen Zutaten in den Teig einarbeiten, den man anschließend nochmals eine gute Stunde an einem warmen Ort ruhen lässt.
— Danach wird der Teigling ausgelängt, nach 3/4 Gare (Bezeichnung für das Gehen lassen des Teigs, also nach ca. 45 Minuten) geflochten und bei 220 Grad ungefähr 35 Minuten lang gebacken.

Augsburger Zwetschgendatschi

Der Name dieses leckeren Zwetschgenblechkuchens geht wahrscheinlich auf das süddeutsche Dialektwort „detschen" oder „datschen" (= flach drücken) zurück. Er wird sehr dicht mit geviertelten Zwetschgen belegt. Zur Herstellung verwendet man möglichst spät gereifte Zwetschgen, die keinen Saft mehr ziehen. Zwetschgendatschi wird gerne zum Nachmittagskaffee gegessen. Besonders gut schmeckt er noch lauwarm mit geschlagener Sahne und einer heißen Tasse Kaffee oder einem leckeren Glas Alpenmilch. Wem er zu sauer sein sollte, kann sich den Zwetschgendatschi nach Belieben mit Zucker versüßen.

Zutaten

(Für ein Blech)

Für den Teig:

— 500 g Mehl
— 250 ml Milch
— 30 g Hefe
— 125 g Zucker
— 125 g Butter
— 2 Eier
— 1 Prise Salz

Für den Belag:

— 1,5–2,5 kg Zwetschgen

Zubereitung

— Mit etwas Mehl, etwas lauwarmer Milch und der Hefe einen Vorteig herstellen und ca. 15 Minuten gehen lassen.
— Dann die restlichen Zutaten in den Teig einarbeiten und nochmals eine gute Stunde an einem warmen Ort ruhen lassen.
— Den Teig dünn ausrollen und auf ein gefettetes Blech legen.
— Die geviertelten Zwetschgen in Reihen auf den Teig legen.
— Den Zwetschgendatschi bei 200 Grad etwa 25 Minuten backen.
— Nach dem Abkühlen den Zwetschgendatschi eventuell mit Zimt und Zucker bestreuen.

Fränkische Küchle

Küchle sind als Dessert nach dem Festessen zur Kirchweih beliebt – weshalb sie auch Kirchweihküchle genannt werden. Die Kirchweih beginnt nämlich oft mit dem großen Vorabendschmaus, zu dessen Abschluss diese Küchle gereicht werden. Auch an den Faschingstagen und zu Volksfesten werden gerne Fränkische Küchle gebacken – mit einer Tasse Kaffee schmecken sie besonders gut. Fränkische Kirchweihküchle sind rechteckig oder quadratisch, ihr Boden ist flach, ihre Oberseite besteht aus einer großen Blase mit einer hellen Umrandung. Diese knusprigen Küchle gibt es im süddeutschen Raum jedoch auch in anderer Form. Die für Oberbayern typischen „Bayerischen Küchle“ sind beispielsweise rund, in der Mitte eingedrückt und in dieser Vertiefung mit Marmelade gefüllt.

Zutaten

Für 10–15 Stück,
je nach Größe

- 1 kg Mehl
- 350 ml Milch
- 70 g Hefe
- 1 Ei
- 80 g Zucker
- 80 g Butter
- 1 Prise Salz
- 1 Schuss Arrak mit Zitronenaroma
- reichlich Butterschmalz zum Ausbacken

Zubereitung

- Aus den Zutaten einen Teig herstellen, intensiv mindestens 10 Minuten kneten und auf eine Stärke von 5 Millimetern ausrollen.
- Lassen Sie den Teig gut 10 Minuten ruhen.
- Anschließend ca. 10 x 10-Zentimeter große Vierecke ausschneiden, auf ein mit Tüchern belegtes Brettchen legen und weitere 60 Minuten gut abdecken.
- Bei mittlerer Temperatur die Küchle im heißen Fett in einem geeigneten Topf goldbraun backen. Unter ständigem Aufgießen von Fett wölbt sich die Oberfläche stark, wodurch der typische Hohlraum entsteht. Ein heller Rand ohne Wölbung muss jedoch bleiben.
- Die fertigen, abgekühlten Küchle mit Puderzucker bestreut servieren.

Nonnenfürzle

Eingangs sei gesagt, dass dieses insbesondere in Schwaben und im Allgäu beliebte traditionelle Fastenschmalzgebäck korrekterweise „Nonnenfürtchen“ heißen müsste, was sich von dem mittelniederdeutschen Wort „nunnekenfurt“ herleitet, was wiederum soviel bedeutet wie „von den Nonnen am besten zubereitet“. Daraus entstand die nicht ganz salonfähige, aber heute überall gebräuchliche Bezeichnung „Nonnenfürzle“.

Zutaten

(Für knapp 30 Stück)

- 125 g Mehl
- 25 g Stärke
- geriebene Schale einer unbehandelten Zitrone
- 1 Prise Salz
- 250 ml Wasser
- 25 g Puderzucker
- 50 g Butter
- 4 Eier
- 2 kg Pflanzenfett zum Ausbacken
- 50 g grober Zucker zum Bestreuen

Zubereitung

- Das Mehl mit der Stärke und der Zitronenschale vermischen.
- Das Wasser zusammen mit dem Salz, dem Puderzucker und der Butter aufkochen.
- Den Topf von der Kochstelle nehmen und das mit Stärke und Zitronenschale vermischte Mehl auf einmal hineinrühren.
- Den Topf erneut auf den Herd stellen und die Masse so lange rühren, bis sich ein Kloß bildet und am Topfboden eine weiße Haut absetzt.
- Den Teig in eine Schüssel geben und sofort 1 Ei hineinrühren.
- Anschließend den Teig etwas abkühlen lassen, dann nacheinander die restlichen Eier unterrühren.
- Das Backfett in einer Friteuse auf 180 Grad erhitzen.
- Mit Hilfe von 2 Teelöffeln (zwischendurch immer wieder in heißes Wasser tauchen) vom Teig kleine Kugeln abstechen und etwa 4 Kugeln gleichzeitig ins heiße Fett geben.
- Die Nonnenfürzchen ca. 3 Minuten goldbraun ausbacken. Das Gebäck mit einem Schaumlöffel herausnehmen und auf Küchenkrepp abtropfen lassen. Noch heiß mit Zucker bestreuen und servieren.

Nürnberger Lebkuchen

Nürnberger Lebkuchen können auf eine lange Geschichte zurückblicken. Ihre Bezeichnung leitet sich vom altdeutschen „lebbe" (= sehr süß), vielleicht auch vom lateinischen „libum" (= Fladen) ab. Ursprünglich wurde der Lebkuchen nämlich als Heilkräuterhonigfladen in Klosterapotheken hergestellt. Mönche züchteten Bienenvölker zur Kerzenwachserzeugung. Der Nürnberger Reichswald bot mit seinen großen Heideflächen genügend Futter für die Insekten, sodass auch reichlich Honig geerntet werden konnte. Ab dem 13. Jahrhundert begann in Nürnberg die gewerbsmäßige Lebkuchenherstellung, seit

1643 ist die Zunft der Lebzelter verbrieft. Durch ihren Handel mit Venedig standen den Nürnbergern neben dem Honig auch die notwendigen Gewürze zur Verfügung. Nürnberger Lebkuchen stehen unter europäischem Namens- und Herkunftsschutz und dürfen nur in Nürnberg hergestellt werden. Die Nürnberger Lebkuchen sind ein typisches Weihnachtsgebäck. Ihre Form ist rund oder rechteckig mit einem Durchmesser von 8–10 Zentimeter und einer Höhe von 1–1,5 Zentimeter. Die Teigfarbe ist braun. Weiße Lebkuchen werden nur in rechteckiger Form hergestellt. Der Geschmack ist süß, mit würzigem Aroma und leichtem Nussgeschmack. Lebkuchen haben einen feinen weichen und saftigen Teig mit kleinen Ölsamenstückchen. Sie besitzen hohe Anteile an Zucker, Ei und Ölsamenfrüchten. Der Mehlanteil ist gering. Elisenlebkuchen sind Lebkuchen der Spitzenklasse. Diese dürfen nur 10 Prozent Mehl enthalten.

Zutaten

(Für ca. 120 Stück à 5 cm Durchmesser)

Für den Teig:

— 470 g Zucker
— 4 Eier
— 1 TL Vanillezucker
— 480 g Haselnüsse (eine Hälfte grob, eine Hälfte fein gemahlen)
— 50 g grob gehackte Walnüsse
— 100 g fein geschnittenes Orangeat
— 100 g fein geschnittenes Zitronat
— abgeriebene Schale je einer unbehandelten Zitrone und Orange
— 1 EL fein gehackter Ingwer, in Sirup eingelegt
— je 1 TL Zimt, Gewürznelke, Piment, Koriander, Muskatblüte (Macis), Kardamom, Muskatnuss (alles gemahlen)
— 2 Päckchen Backoblaten (5 Zentimeter Durchmesser)

Für verschiedene Glasuren:

— Punschglasur: 130 g Puderzucker, 2 EL Rum, 2 EL Rotwein
— Schokoladenglasur: 20 g Bitter- oder Vollmilchkuvertüre
— Verschiedene Nüsse und kandierte Früchte zum Verzieren

Zubereitung

— Den Zucker, die Eier und den Vanillezucker mit einem Handrührgerät oder einem Schneebesen so lange schaumig rühren, bis sich die Masse verdoppelt hat und der Zucker aufgelöst ist.

— Anschließend die Nüsse, Orangeat, Zitronat, Zitronen- und Orangenschale, Ingwer und Gewürze untermischen und die Masse abgedeckt an einem kühlen Ort 24 Stunden ruhen lassen.

— Mit nassen Händen kleine, etwa 15 g schwere Kugeln aus der Lebkuchenmasse formen und so auf die Oblaten setzen, dass ein 3–5 Millimeter breiter Rand frei bleibt.

— Die Oblaten auf ein mit Backpapier ausgelegtes Backblech legen und im vorgeheizten Backofen bei 200 Grad 12–15 Minuten lang hellbraun backen. Die gut aufgegangenen Lebkuchen dürfen innen nicht ganz gar sein, weil sie noch nachziehen und weich bleiben sollen.

— Die fertigen Lebkuchen auf einem Kuchengitter auskühlen lassen.

— Ein Drittel der Lebkuchen beiseite stellen; sie bleiben „natur“, also ohne Glasur.

— Für die Punschglasur den gesiebten Puderzucker mit Rum und Rotwein glatt rühren und ein weiteres Drittel der Lebkuchen einzeln mit der oberen Seite in diese Glasur tauchen.

— Für die Schokoladenglasur die Kuvertüre schmelzen und das übrige Drittel der Lebkuchen mit der oberen Seite hineintauchen.

— Auch die glasierten Lebkuchen auf einem Kuchengitter trocknen lassen. Solange die Glasuren noch weich sind, können sie mit Nüssen und kandierten Früchten verziert werden.

— Die fertigen Lebkuchen in einer Blechdose aufbewahren. Das Gebäck mit einem Stück Pergamentpapier abdecken und einige Apfelschalen darüber legen. So bleiben die Lebkuchen weich und saftig. Nach etwa 10 Tagen haben die Lebkuchen dann ihre optimale Verzehrfertigkeit erreicht.

Prinzregententorte

Die mit Schokoladencreme gefüllte und mit Schokoladenguss überzogene Prinzregententorte ist die vielleicht festlichste Torte, die Bayern zu bieten hat. Diese Torte wurde Prinzregent Luitpold vom Hofkonditor Julius Rottenhöfer Ende des 19. Jahrhunderts gewidmet – die acht Biskuitteigschichten versinnbildlichen die damaligen acht Regierungsbezirke Bayerns.

Zutaten

Für den Biskuitteig:

— 6 Eier
— 160–180 g Zucker
— 160–180 g Mehl (nach Wunsch Hälfte Stärkemehl)
— 1 Msp. Backpulver
— 1 Päckchen Vanillezucker oder abgeriebene Zitronenschale (nach Geschmack)
— 1 EL Wasser
— 80 g Butter

Für die Schokoladenbuttercreme:

— 250 g Butter
— 150–180 g Puderzucker
— 2–3 Eigelb
— 100 g bittere Schokolade (erweicht und abgekühlt)

Für den Überzug:

— Zartbitterschokolade (oder Schokoladenglasur)

Zubereitung

— Zur Herstellung der Tortenböden Eiweiß vom Eigelb trennen. Das Eigelb erst mit Wasser, dann mit 2/3 des Zuckers schaumig rühren, anschließend Vanillezucker bzw. Zitronenschale sowie die Butter einrühren. Aus dem Eiweiß steifen Eischnee schlagen, das letzte Drittel des Zuckers unterrühren. Die Eigelbmasse zur Eiweißmasse geben, Mehl und Backpulver darüber sieben und alles unterheben.

— Den Teig in 8 Teile teilen und daraus in einer gut gefetteten Springform (Durchmesser 26 cm) acht dünne Blätter bei 200 Grad backen, bis sie goldgelb sind (6–8 Minuten), dann aus der Form nehmen und auskühlen lassen.

— Für die Füllung die Schokolade im Wasserbad erwärmen, bis sie flüssig ist. Leicht abkühlen lassen. Butter schaumig schlagen, Puderzucker und Eigelb abwechselnd unterrühren, bis die Masse

ebenfalls schaumig ist. Die Schokolade tropfenweise unterrühren. Die Creme abschmecken. Sieben Kuchenblätter mit der Creme bestreichen und aufeinander legen. Den Abschluss bildet das achte Blatt.

— Den Rand der Torte streicht man mit etwas Creme glatt.
— Für den Guss Zartbitterschokolade im Wasserbad schmelzen und die ganze Torte mit einem Pinsel dünn und gleichmäßig mit dem Schokoladenguss bestreichen.

Brotsuppe

Wie viele andere Speisen ist die Brotsuppe aus der Not heraus entstanden. Armut in Stadt und Land zwang die Menschen früher dazu, alles Essbare zu verwerten, so auch Brotreste. Heute findet man Brotsuppen in den raffiniertesten Varianten auch auf den Speisekarten der bayerischen Spitzengastronomie!

Zutaten

(Für 4 Portionen)

— 100 g altbackenes Landbrot
— 60 g Butter oder Schmalz
— 1 Zwiebel
— 1 EL Mehl
— 1,5 l Fleischbrühe
— 1 Knoblauchzehe
— 2 Eigelb
— 3 EL süße Sahne
— Salz, frisch gemahlener schwarzer Pfeffer, Muskat
— 1 Bund Schnittlauch
— einige Scheiben frisches Landbrot

Zubereitung

— Das altbackene Brot klein schneiden und in Butter oder Schmalz rösten.
— Die Zwiebel schälen, fein hacken, dazugeben und alles mit Mehl bestreuen, unter Rühren kurz weiterrösten und mit der Fleischbrühe aufgießen.
— Die zerdrückte Knoblauchzehe hinzufügen.
— Die Brühe aufkochen und eine halbe Stunde köcheln lassen.
— In einer Suppenterrine die Eigelbe mit der Sahne verquirlen, mit der Brühe aufgießen, mit Pfeffer, Salz und Muskat abschmecken.
— Die frischen Brotscheiben in Würfel schneiden, anrösten und mit dem Schnittlauch über die Suppe geben.

Anmerkung: Diese Variation der Brotsuppe mit Eiern wurde vor allem in der Oberpfalz so zubereitet. In Niederbayern reichte man zur Suppe eher gekochte Kartoffeln, Kraut oder Blut- und Leberwürste.

Böfflamott und Blaue Zipfel

bayerische Fleischspezialitäten

Die Bayern lieben Fleisch über alles. Der krosse Schweinsbraten mit Knödeln, Kraut und schöner Soße steht ganz oben auf der bayerischen Speisekarte! Ein altes urbayerisches Sprichwort besagt: „Werktags Rind, sonntags Schwein" – so sind denn die Bayern dem Kalb- und Rindfleisch genauso zugetan, was alleine schon die große Zahl bayerischer Rindfleischrezepte zeigt. Und natürlich ist das Lammfleisch nicht zu vergessen. Die Bayern bereiten zwar auch Geflügel aufs Köstlichste zu, aber es spielt keine Hauptrolle in ihrer Küche.

Die Rinderhaltung auf der grünen Weide – zur Produktion von Milch und Fleisch – prägt seit Jahrhunderten das Bild der bayerischen Landwirtschaft. Dies kommt insbesondere in den bayerischen Mittelgebirgen und im Voralpenland zum Ausdruck, wo Wiesen- und Weidenutzung gegenüber dem Ackerbau dominierend sind.

Bayerische Rindviecher

Bayerisches Qualitätsrindfleisch stammt fast ausschließlich von Zweinutzungsrassen, also solchen Rinderrassen, die in ihrem Zuchtziel auf Milch- und Fleischleistung gleichermaßen ausgerichtet sind. Die größte Bedeutung unter den bayerischen Rinderrassen hat das Fleckvieh mit einem Anteil von 80 Prozent am gesamten Rinderbestand des Landes. Diese wunderschönen Rinder sind gut bemuskelt, rotbraun-weiß gescheckt, teilweise auch gedeckt mit nur wenigen weißen Abzeichen. Am zweitwichtigsten ist die Rasse Allgäuer Braunvieh mit knapp zehn Prozent Anteil am bayerischen Bestand, gefolgt vom Fränkischen Gelbvieh mit weniger als einem Prozent. Zu den Zweinutzungsrassen in Bayern gehören auch die vom Aussterben bedrohten Rassen Pinzgauer mit einem Bestand von etwa 2700 Tieren und Murnau-Werdenfelser mit einem Bestand von 1200 Tieren.

Die Geschichte des Fleckviehs reicht in die Mitte des 19. Jahrhunderts zurück, als Bauern vom Tegernsee aus der Schweiz Simmenthaler Rinder holten und zur Leistungsverbesserung in das heimische Miesbacher Rindvieh einkreuzten. So entstand durch diese Kreuzungszucht die Rasse „Fleckvieh". 1892 wurde der Zuchtverband für „Oberbayerisches Alpenfleckvieh Miesbach" als ältester Bayerischer Rinderzuchtverband gegründet.

Das Zeichen „Geprüfte Qualität" für Bayerische Rinder und Bayerisches Rindfleisch garantiert den lückenlosen regionalen Herkunftsnachweis sowie die Kontrolle der gesamten Produktions- und Handelskette.

Rindfleisch kam in Bayern früher vor allem an hohen Festtagen – Ostern, Pfingsten, Kirchweih und Weihnachten – auf den Tisch. Hierbei spielt seit alters her das gekochte Rindfleisch in der bayerischen Küche eine äußerst wichtige Rolle. So ist beispielsweise gekochtes Ochsenfleisch ein typisches Essen, das sich in ganz Bayern großer Beliebtheit erfreut. Darüber hinaus sind in Bayern die klassischen Rindfleischspeisen wie Rinderschmorbraten, Böfflamot (Boef à la mode), Sauerbraten und sauer eingelegtes Rindfleisch sehr beliebt. Rindfleisch bzw. Kalbfleisch findet sich auch im berühmtesten Wurstprodukt Bayerns, der Münchner Weißwurst, wieder. Ihr Kalbfleischanteil verleiht der Weißwurst ihren typischen Geschmack, der sie weltweit berühmt gemacht hat.

Die Münchner Weißwurst – eine weltberühmte Spezialität

Die Weißwurst hat als Münchner Spezialität eine lange Tradition und soll am 22. Februar 1857 im Gasthaus zum „Ewigen Licht“ am Marienplatz „erfunden“ worden sein. Damals widerfuhr dem Wirtsmetzger Joseph

Moser, Moser Sepp genannt, ein Missgeschick bei der Bratwurstherstellung. Wie immer machte er sich auch am angegebenen Tag früh am Morgen daran, die zur damaligen Zeit bekannten und beliebten Kalbsbratwürste herzustellen, doch ihm waren die Schafssaitlinge ausgegangen. In seiner Not – die Gäste bestellten schon ihre Würste – füllte er das helle Brät in dickkalibrigere Schweinedärme, drehte die Würste ab und brühte sie in heißem Wasser, weil er befürchtete, dass die Würste sonst beim Braten platzen würden. Nach anfänglichem Misstrauen seitens der Gäste wurde die neue Wurstkreation zum vollen Erfolg!

Weißwurst wird heute aus Kalbfleisch, Schweinespeck, gegartem Kalbskopffleisch, Eischnee, Salz, frischer Petersilie, Zwiebel, Pfeffer, Macis und Zitronenpulver hergestellt. Der Muskelfleischanteil stammt überwiegend aus Kalbfleisch. Der Fremdwassergehalt darf nicht über 25 Prozent, der Fettgehalt nicht über 30 Prozent liegen. In Wasser werden die Würste 25 Minuten bei 70 Grad gegart. So ist die Weißwurst in der Kühltheke einige Tage haltbar. Vereinzelt wird sie jedoch noch roh verkauft und ist dann zum umgehenden Verzehr in gebrühtem Zustand bestimmt. Weißwürste sind etwa 12 Zentimeter lang, ihr Durchmesser beträgt 28 bis 32 Millimeter, ihr Gewicht: 80 bis 100 Gramm.

Die frischen Weißwürste waren, so gut sie auch schmeckten, früher von kurzer Haltbarkeit, sodass sie noch am Vormittag verzehrt werden mussten. Die Tradition, Weißwürste aus diesem Grund nur vor zwölf Uhr zu essen, hat sich aber bis heute erhalten.

Weißwurst lässt man in heißem Wasser ziehen und isst sie warm, ohne die Wursthaut, für deren Loslösung es verschiedene Techniken gibt. Dazu schmecken bayerischer süßer Senf, Brez'n und ein kühles Bier.

Bayerischer süßer Senf – zu Weißwurst und Leberkäs

„Bayerischer süßer Senf" wird erst seit Mitte des 19. Jahrhunderts gewerbsmäßig hergestellt. Dieser Senf unterscheidet sich von anderen Senfsorten durch seinen deutlich wahrnehmbaren Süßgeschmack – ein findiger Unternehmer hatte seinem Senf braunen Farinzucker beigemischt und ihn mit Salz, Zwiebeln, gestoßenen Nelken, etwas Jamaika-Piment und Muskatnuss verfeinert. Zuvor befand sich das Senfgewerbe in der bayerischen Landeshauptstadt fast ausschließlich in weiblicher Hand, das in kleinen Manufakturen meist im Nebenerwerb betrieben wurde. Auch heute noch wird süßer Senf in vielen Handwerksbetrieben nach traditionellem Rezept hergestellt. Er schmeckt besonders gut zur Münchner Weißwurst und zu bayerischem Leberkäse.

Zu den in Bayern gehaltenen Schafrassen zählen das Merinolandschaf, das Schwarze Milchschaf, regional das Rhönschaf, das Coburger Fuchsschaf, im Süden das Waldschaf sowie im Alpenvorland das Weiße und das Braune Bergschaf. Unter den Schweinerassen dominiert die allgemein verbreitete Landrasse.

Aber es sind nicht nur die reinen Fleischgerichte, für die man in Bayern eine ausgeprägte Neigung pflegt. Die wirtschaftlichen Gegebenheiten zwangen die Menschen früher vielerorts dazu, jedes Tier komplett zu verwerten, also auch die Innereien. Und so wurden die Bayern Spezialisten im kulinarischen Zubereiten von „Züngerl" und „saurer Leber" oder „eingemachten Kutteln". Nirgendwo sonst ist die Vorliebe für Milz, Herz, Lunge, Leber oder Nieren so ausgeprägt wie hier – eine Vorliebe, die die Bayern übrigens mit den Schwaben teilen.

Die Vielfalt der Fleischgerichte Bayerns setzt sich in der Vielzahl der Fleisch- und Wurstwaren fort, über denen allgegenwärtig der Leberkäs thront. Besonders variantenreich kommen die Wurstwaren daher. Da gibt es nicht nur die weltläufigen Nürnberger Rostbratwürste, die Fränkischen oder die dickeren Regensburger, sondern auch Milzwurst, Bauernseufzer (eine geräucherte Schweinsbratwurst aus der Oberpfalz), Wollwurst (eine ungerötete Rindswurst), Presssack (Schwartenmagen), Leoni (in freier Übersetzung für die Lyoner Wurst) oder auch die Stadtwurst, eine rotweiß geschichtete, kräftig gewürzte Wurst aus Schweinefleisch und Rinderbrät aus Nürnberg.

Kleine bayerische Wurstparade

Weißer Presssack – begeisterte schon Dichter und Denker

Der auch „Schwartenmagen" genannte weiße Presssack hat eine runde Form, deren Größe vom verwendeten Schweinemagen abhängt. Früher wurde der gefüllte Schweinemagen nach dem Garen und Abkühlen zwischen zwei Holzplatten leicht gepresst, damit sich die Einlagen gleichmäßig verteilen – daher rührt seine Bezeichnung „Presssack".

Der rustikale Presssack hat seit jeher nicht nur das einfache Volk begeistert, auch Geistesgrößen zeigten sich kulinarisch von dieser bodenständigen bayerischen Spezialität beeindruckt. So offenbarte zum Beispiel der Dichter Jean Paul seine Vorliebe für bayerische Wurstwaren, als er 1813 brieflich nach einem Presssack und einigem mehr verlangte: „Einen geräucherten Press- und Sausack und einen ungeräucherten, und vierundzwanzig geräucherte Brat- und zwölf geräucherte Leberwürste erbittet sich unfrankiert und mit der Rechnung der Kauf- und Packkosten mit der

fahrenden Post der Verfasser des Hesperus und anderer sehr von Würsten verschiedener Werke."

Presssack wird weitestgehend aus Schweinefleisch ohne Fett und Sehnen sowie aus gesalzenen und gekochten Schwarten hergestellt. Diese werden mit Pfeffer, Macis, Ingwer und Kümmel gewürzt. Die Fleischmasse wird mit Brühe und für den „Roten Presssack" mit Schweineblut angereichert und vorgekocht. Dann wird das Fleisch in Streifen geschnitten und mit Aspik bzw. Schwartenbrühe übergossen. Anschließend wird die Masse in Schweinemägen gefüllt, die man zubindet und in kochendem Salzwasser für 1 1/2 Stunden erhitzt. Nach dem Herausnehmen aus dem Wasser lässt man den Presssack erkalten. Um eine gleichmäßige Verteilung des Fleisches zu erreichen, wird der Presssack heute nicht mehr gepresst, sondern während der Abkühlung häufig gewendet.

Regensburger – eine Wurst zum Knacken

Die Regensburger Knackwurst, von einem unbekannten Metzgermeister in der zweiten Hälfte des 19. Jahrhunderts „erfunden", ist eine Wurst aus fein gekuttertem Magerbrät mit mittelgrober Schweinefleischeinlage im Rinderdarm, die über Buchenholz geräuchert und anschließend gebrüht

wird. Ihre Bezeichnung als Knackwurst rührt vom Geräusch, das beim Hineinbeißen in die Regensburger zu hören ist. Sie hat einen Durchmesser von 41–43 Millimetern und eine Länge von etwa zehn Zentimetern. Diese Wurst ist eine typische Brotzeitwurst, die heiß oder kalt verzehrt wird. Sehr beliebt ist auch der Regensburger Wurstsalat, der aus den Würsten und einer Marinade aus Essig, Öl, Senf und fein gewürfelter Zwiebel hergestellt wird.

Wollwurst – nackertes Rindsbrät

Bei den auch „Nackerte" genannten Wollwürsten handelt es sich um weiße, hautlose und ungerötete Würste aus Kalbs- oder Jungrindfleisch, die als Frischwürste zum baldigen Verzehr bestimmt sind. Der Name „Wollwurst" kommt wohl daher, dass sich die rohe Wurst ohne Haut weich, also „wollen" anfühlt. Als „Geschwollene" wird sie bezeichnet, wenn sie in der Pfanne mit Fett angebraten wird und dadurch an Größe gewinnt.

Zur Herstellung von Wollwürsten benötigt man grob entsehntes Kalbs- und Jungrindfleisch, entfettetes Schweinefleisch, Schweinebacken und Speck, Salz, Pfeffer, Ingwer, Macis, Kardamom und Zitrone. Das im Kutter fein zerkleinerte Brät wird in einen Spritzbeutel gefüllt und von Hand

in siedendes Wasser gedrückt. Dabei entstehen kurze, aber länglich schwellende Formen, die bei 55 Grad etwa zehn Minuten lang garen und abschließend in kaltem Wasser abgeschreckt werden. Zum Verzehr taucht man die Wollwürste in Milch und brät sie dann bei großer Hitze nur kurz, bis sie goldgelb sind. Dazu reicht man einen warmen Kartoffelsalat „mit Herz", das heißt mit Schärfe, und selbstverständlich bayerischen Senf im blaugrauen Steintöpfchen.

Wellwurst – eine bayerische Spezialität aus Schlesien

Wellwürste sind dickliche Brühwürste, die in Wasser erwärmt und als Imbiss gegessen werden. Zu gebratenen Wellwürsten wird üblicherweise Kartoffelbrei und Sauerkraut oder einfach nur Brot gereicht. Ursprünglich kamen die Wellwürste aus Schlesien, schlesische Metzger brachten sie nach dem Zweiten Weltkrieg nach Bayern.

Als Zutaten zur Herstellung von Wellwürsten werden Schweinebauch mit Schwarte, Schweineleber, Zwiebeln, altbackene Semmeln, Thymianblätter, Majoran und weißer Pfeffer verwendet. Da die Würste nicht geräuchert werden und kein gepökeltes Fleisch benutzt wird, bleiben sie nicht

nur von außen weiß, sondern auch von innen. Die Würste müssen nach einmaligem Aufkochen rund 25 bis 30 Minuten im Kochwasser ziehen.

Balzheimer – Luthers Hinterlassenschaft in Memmingen

Die groben, würzigen Würstchen bestehen aus einem Fünftel Rindfleisch und vier Fünfteln Schweinefleisch, gewürzt mit Pfeffer, Muskat und Knoblauch. In Memmingen sind die Wurstmasse und die Beschaffenheit der Wursthaut einigermaßen geschönt. In Balzheim sind die Würste recht knorrig, hart und scharf. Roh sind sie schwer zu beißen. Auch die gesottene Balzheimer verlangt kräftige Zähne und einen kräftigen Magen.

Die Balzheimer werden auch „Lutherische" genannt: Vor 350 Jahren gelangten evangelische Glaubensflüchtlinge aus Kärnten und der Steiermark nach Balzheim nördlich von Erolzheim im württembergischen Illertal. Das Dorf Balzheim lag im Ulmer Territorium und war daher seit der Reformation evangelisch-lutherisch. Memminger Bürger holten Knechte und Mägde als Hausangestellte daher gerne aus Balzheim, weil auch sie evangelisch waren. Diese Dienstboten brachten ihre eigene Wurst mit, eben die „Balzheimer", welche dann in Memmingen auch den Beinamen

„Lutherische" bekam. Einige Metzgereien, Weinstuben und Wirtschaften in Memmingen bieten noch heute diese Würste an, deren eigenwilligen Geschmack man durchaus einmal kosten sollte, entweder kalt zur Brotzeit, gegrillt oder in heißem Wasser gesotten. Die gekochten Würste werden meist mit Sauerkraut, deftigem Bauernbrot und Bier serviert.

Fränkische Bratwurst – Hackfleisch in Pelle

Die fränkische Bratwurst ist eine besondere regionale Spezialität, die man inzwischen aber auch außerhalb des Landes erhalten kann. Fränkische Bratwurst kann man aus der Pfanne, als Blaue Zipfel (aus Essigsud mit Zwiebeln) oder geräuchert verzehren. Frisch soll sie das Aussehen von Hackfleisch in Wurstpelle haben. Zur Fränkischen Bratwurst gehören traditionell Sauerkraut und Kartoffelsalat. Ebenso schmackhaft ist jedoch auch die Kombination mit kernigem Bauernbrot, frisch zubereitetem Meerrettich und einem guten Schoppen Frankenwein. Eine andere Variante ist fränkische Bratwurst mit Semmel (fränk.: „Weckla"). Hierzu wird die Semmel in der Mitte aufgeschnitten und die Wurst zwischen den beiden Hälften eingeklemmt. Der Fachbegriff für eine große fränkische Bratwurst mit Semmel ist daher „Eizwiggte" (Eingeklemmte). Auf jeden Fall isst man sie ohne Senf.

Oberpfälzer Bauernseufzer

Es ist nicht eindeutig geklärt, woher die Bezeichnung „Bauernseufzer" kommt. Eine Erklärung besagt, dass noch vor 100 Jahren eine Bratwurst für die ländliche Bevölkerung ein besonderes Festessen darstellte, für die auch die edleren Teilstücke des Fleisches verwendet wurden. Bekam der Bauer Besuch, musste er diese kostbaren Würste anbieten – was ihn zu einem langen Seufzer veranlasste. Eine andere Erklärung hängt mit dem typisch kalten und schlechten Wetter in der Oberpfalz zusammen – danach sollen die Seufzer der Bauern über das Wetter so lang wie die Würste sein. Immerhin sind die Oberpfälzer Bauernseufzer 15 bis 20 Zentimeter lang!

Durch das Räuchern lassen sich die Bauernseufzer etwas länger als ungeräucherte Bratwürste aufbewahren. Allerdings wird die Wurst aufgrund von Trockenschwund schnell strohig. Deswegen wird sie von den privaten Herstellern nur im Winter hergestellt und gelagert. Die Würstchen können kalt oder warm verspeist werden. Dazu gehört unbedingt frisch geriebener Meerrettich. Außerdem passen frisches dunkles Bauernbrot und Sauerkraut dazu. Am besten schmecken die Bratwürste, wenn diese direkt aus dem Rauch genommen und dann roh gegessen werden.

Saures Lüngerl

„Lüngerl" ist der Oberbegriff für in saurer Essigsoße zubereitete Innereien. Dieses auf den Speisekarten der Wirtshäuser ganz Bayerns stehende Gericht wird als Vorspeise oder auch als Hauptgericht serviert. Dazu werden Semmelknödel gereicht. Verfeinert wird das Lüngerl durch etwas sauren Rahm und fein gehackte Petersilie. Ein gutes Rezept, um nach durchzechter Nacht den Kater zu bekämfen.

Zutaten

(Für 4–6 Personen)

— 500 g Kalbslunge
— 400 g Kalbsherz
— 1 große Zwiebel
— 1 Bund Suppengrün
— 200 g Sahne
— 500 ml Fleischbrühe
— 125 ml Weinessig
— 2 Schalotten
— 1 EL Butter
— 1 EL Zucker
— 2 EL Mehl
— 1 Lorbeerblatt, 5 Pfefferkörner, 3 Gewürznelken, 1 TL Thymian, 1 TL Majoran, Salz, Pfeffer aus der Mühle

Zubereitung

— Lunge und Herz 1 Stunde lang in eine Schüssel mit kaltem Wasser legen.
— Die Zwiebeln abziehen und mit den Nelken spicken. Das Suppengrün waschen und grob hacken.
— Das Herz in einem großen Topf mit 2 l Wasser aufsetzen, Zwiebel, Suppengrün, Essig, Salz, Pfefferkörner und 1 TL Zucker zufügen und zum Kochen bringen.
— Das Herz bei kleiner Hitze etwa 20 Minuten köcheln lassen, dann die Lunge dazu geben und weitere 90 Minuten garen. Während des Kochens die Lunge mehrmals anstechen, damit sie nicht schwammig wird.
— Herz und Lunge aus dem Sud heben und in sehr feine Streifen schneiden.
— Die Schalotten abziehen, fein hacken, in Butter glasig dünsten, das Mehl einrühren und goldgelb anschwitzen, die Brühe einrühren und 5 Minuten köcheln lassen.
— Die Sahne hinzufügen und die Innereien untermischen. Mit dem Essig und den restlichen Gewürzen abschmecken und weitere 10 Minuten ziehen lassen.

Böfflamott

„Bœuf à la Mode“ ist die französische Version dieses eingelegten Rinderbratens, mit dem die Bayern Bekanntschaft machten, als napoleonische Truppen das Land besetzten. Diese soldatische Hinterlassenschaft wurde aber nicht vergessen, als die Franzosen wieder abzogen – im Gegenteil. Das Rezept blieb der bayerischen Küche als Festtagsgericht erhalten, allerdings wurde es mundartlich zu „Böfflamott“ verballhornt.

Zutaten

(Für 4 Personen)

— 750 g Rindfleisch (Rose, Schulter)
— 1/2 l Rotwein
— 1 Zwiebel
— 1 Bund Suppengrün
— 1 Knoblauchzehe
— 3 Gewürzkörner, 3 Pfefferkörner, 1–2 Nelken, 1–2 Lorbeerblätter, 4–6 Wacholderbeeren
— 1 TL Salz,
— 1 EL Butterschmalz
— 1 TL Tomatenmark
— Kalbsknochen
— 500 g Gemüse (Lauch, Sellerie, gelbe Rüben)
— 5 Schalotten
— Mehl

Zubereitung

— Den Rotwein mit der Zwiebel, dem Bund Suppengrün, der Knoblauchzehe, den Gewürzen und dem Salz zur Beize aufkochen. Anschließend abkühlen lassen.
— Das Fleisch in der Beize 2–6 Tage einlegen.
— Das Fleisch aus der Beize nehmen, abtrocknen und in heißem Butterschmalz kräftig anbraten. 1 TL Tomatenmark zugeben und mit Beize aufgießen. Dann die Kalbsknochen zugeben.
— Das Fleisch im geschlossenen Topf 2–3 Stunden schmoren, zwischendurch das Fleisch mit Beize übergießen.
— Nach 1 1/2 Stunden das kleingeschnittene Gemüse und die geschälten Schalotten zugeben und weitergaren.
— Die Soße nach Belieben mit etwas Mehl binden.
— Fleisch in Scheiben schneiden, in die Soße einlegen, kurz durchziehen lassen und mit der Soße anrichten.

Altmühltaler Lammkeule mit Pflaumenfüllung

Das Qualitäts-Lammfleisch aus dem Altmühltal wird von den heimischen Hüte- und Wanderschäfern nach naturschutzfachlichen Kriterien produziert – so muss z. B. mindestens die Hälfte der Weidefläche Naturschutzgebiet sein. Das Fleisch wird regional über Gastronomie, Metzgereien und Großabnehmer vermarktet. Für die Aufzucht dieser Premium-Tiere dürfen nur Futtermittel aus der Region verwendet werden. Das Fleisch vom Altmühltaler Lamm muss vor dem Verzehr einige Tage lang reifen, dazu wird es bei gleich bleibender Temperatur von ein bis drei Grad kühl gehalten.

Höchstens sechs Monate alt darf das Altmühltaler Lamm sein. Mindestens vier Monate ernähren sich die Lämmer von der höchst nahrhaften Schafsmilch, dann auch von den frischen Kräutern der Magerwiesen des Naturparks. Das Ergebnis ist der einmalig würzig-aromatische Geschmack des Fleisches.

Zutaten

(Für 4–6 Personen)

- 1 Keule (ca. 1,7 kg) vom Altmühltaler Lamm, entbeint
- Salz, frisch gemahlener schwarzer Pfeffer
- Kräuter der Provence
- 150 g geräucherter Bauchspeck in dünnen Scheiben
- 2 Zwiebeln
- 1 Zweig Rosmarin
- 500 g Trockenpflaumen
- 1/2 l Rotwein
- 1 TL Zimtpulver, 1 TL Nelkenpulver
- 1 Becher Sahne (200 g)
- 1 Becher Sauerrahm (200 g)
- 4 cl Pflaumenlikör

Zubereitung

- Die Lammkeule innen mit Salz und Pfeffer, Nelken und Zimt einreiben.
- Die Hälfte vom Speck und die Zwiebeln würfeln und mit den gehackten Rosmarinnadeln vermischen, 300 g der Pflaumen klein schneiden und unter die Speckmischung geben.
- Die Lammkeule mit der Mischung füllen und mit Spießchen verschließen oder zunähen.
- Die Lammkeule mit Salz, Pfeffer und Kräutern der Provence einreiben.
- In einem Bräter die Keule in Öl von allen Seiten scharf anbraten, dann bei

175 Grad 2 Stunden zugedeckt im Backofen weiter braten.

— Während der Garzeit nach und nach den Wein zugießen.
— Die restlichen Pflaumen in Speck einwickeln und während der letzten 30 Minuten im offenen Bräter mitgaren lassen.
— Den Bratensud mit Sahne und Sauerrahm aufkochen, mit Pflaumenlikör abschmecken und zum Fleisch geben.

Bamberger Blaue Zipfel

Bamberger Blaue Zipfel sind außer in Bamberg auch in Nürnberg und weiten Teilen von Mittel-, Ober- und Mainfranken sehr beliebt. Ursprünglich handelte es sich bei den „Blauen Zipfeln" um einfache Bratwürste, die in Franken normalerweise auf dem Rost oder in der Pfanne gebraten werden. Im Unterschied dazu werden die Blauen Zipfel im Essigsud erwärmt, was ihnen einen säuerlichen Geschmack und ihre bläuliche Farbe verleiht.

Zutaten

(Für 8 Portionen)

- 750 ml Gemüsebrühe
- 100 ml Essig
- 2 EL Zucker
- Salz, frisch gemahlener schwarzer Pfeffer
- 4 Zwiebeln
- 3 Lorbeerblätter
- einige schwarze Pfefferkörner und Wacholderbeeren
- 16 Rostbratwürstchen

Zubereitung

- Die Gemüsebrühe mit Essig und Zucker in einem Topf kurz aufkochen lassen, mit Salz und Pfeffer würzen.
- Die Zwiebeln schälen und in Ringe schneiden, zusammen mit den Pfeffer- und Wacholderkörnern in den Sud geben und 10 Minuten köcheln lassen.
- Die Rostbratwürstchen in den Sud legen und 5–10 Minuten ziehen lassen.
- Die Würstchen aus dem Sud nehmen und am besten zu Sauerkraut servieren.

Leberkäs

Als Kurfürst Karl Theodor aus der pfälzischen Linie der Wittelsbacher 1776 den kinderlosen Kurfürsten Max III. Jospeh von Bayern beerbte, brachte er einen eigenen Metzger aus Mannheim mit an die Isar. Dieser kreierte wenige Jahre später eine Komposition aus fein gehacktem Schweine- und Rindfleisch, die in Brotformen gebacken wurde. Dies ist die Geburtsstunde des Leberkäs, der seit nunmehr zwei Jahrhunderten zu den Klassikern der bayerischen Küche zählt.

Leberkäs hat weder etwas mit Leber noch mit Käse zu tun. Seine Bezeichnung geht auf die altdeutschen Wortstämme „Lab" und „Kasi" zurück, Begriffe, die mit der Gerinnung von Fleischeiweiß durch Kochen oder Braten in Verbindung stehen. Auch heißt es, dass das Wort Leber nur eine Abwandlung des Wortes „Laib" sei und das Wort „Käs" eine kompakte Masse bezeichne – wie z. B. beim „Quittenkäs" oder „Kartoffelkäs". Nach dieser Deutung wäre der Leberkäs also einfach ein „Laib aus kompakter Masse". Hier das Rezept für all diejenigen, die einen Leberkäs selbst herstellen möchten.

Zutaten

(Für 4 Personen)

- 400 g mageres Rindfleisch
- 400 g Schweinefleisch
- 200 g Speck (ohne Schwarte)
- 1/4 l Wasser
- 1 TL Salz, 1 TL frisch gemahlener weißer Pfeffer
- 1 mittelgroße Zwiebel
- 1 EL Majoran
- Butter für die Form

Zubereitung

- Das gesamte Fleisch vor der Verarbeitung gut kühlen.
- Anschließend das Fleisch in grobe Stücke schneiden und durch die feine Scheibe eines Fleischwolfes drehen.
- Beide Fleischsorten mit einem Schaber in einen Mixer geben und unter Beigabe von Salz und Pfeffer sowie kaltem Wasser (am besten in Form von gestoßenem Eis) glatt rühren.
- Den Speck durch die grobe Scheibe des Fleischwolfes drehen und locker unter das Fleischbrät mischen.
- Die Zwiebel schälen, reiben und mit dem Majoran ebenfalls unter das Brät mischen. Nochmals kalt stellen.
- Zum Backen eine Kastenform mit Butter ausfetten und das Brät hineinfüllen, die Oberfläche glatt streichen und mit dem Messer eine Rautenform einritzen (ca. 5 mm tief).
- Anschließend den Leberkäse bei 180 Grad im vorgeheizten Backofen auf mittlerer Schiene ca. 1 Stunde backen (Umluft 160 Grad, Gas Stufe 2 1/2).

Anmerkung: Viele bayerische Metzger bereiten den Leberkäse zweimal am Tag zu, einmal zur obligatorischen Brotzeit am Vormittag und das zweite Mal gegen vier Uhr am Nachmittag. Liebhaber halten das knusprige Endstück, das so genannte „Scherzel“, für die höchste Gaumenfreude. Als Hauptmahlzeit wird der Leberkäse warm und in dicke Scheiben geschnitten zusammen mit Kartoffelsalat oder „Ochsenaugen“ (Spiegeleiern) und süßem Senf serviert. Dazu trinkt man Bier. Als Brotzeit schmeckt der Leberkäse ähnlich wie Wurst: kalt und in dünne Scheiben geschnitten, eventuell mit einem sauren Gürkchen zwischen zwei Semmelhälften gelegt.

Fränkischer Sauerbraten

„Werktags Rind und sonntags Schwein" – über dieses bayerische Sprichwort denken die Franken anders. Der Sauerbraten ist in Franken ein beliebtes Sonntagsgericht in Konkurrenz zu dem sonst üblichen Schweinebraten. Das Fleisch wird traditionellerweise auf dem Herd in einem Topf mit Marinade geschmort. Heutzutage nutzen auch viele Hobbyköche die Bratröhre.

Zutaten

(Für 4 Personen)

- 1,5 kg Rindfleisch (Bug/Hüftstück)
- 1,5 l Wasser
- 1 EL Salz
- 1/4 l Essig
- 3 Lorbeerblätter,
  8 schwarze Pfefferkörner,
  5 Wacholderbeeren,
  3 Nelken
- 2 mittelgroße Zwiebeln
- 1 Stange Lauch, 2 Karotten, 1/4 Sellerie
- 100 g Soßlebkuchen
- 2 EL Zucker
- je 150 g süße und saure Sahne
- 100 g Butterschmalz
- Preiselbeeren aus dem Glas

Zubereitung

- Zwiebeln schälen, vierteln, und mit den Gewürzen und dem Salz im Wasser kurz aufkochen. Abkühlen lassen.
- Das Fleisch in einen Glasbräter oder eine Schüssel geben, Essig zugeben und den abgekühlten Sud über das Fleisch gießen bis es bedeckt ist. Fünf Tage abgedeckt in den Kühlschrank stellen. Ab und zu wenden.
- Das Fleisch herausnehmen und trocken tupfen.
- Karotten, Lauch und Sellerie putzen und grob schneiden.
- Das Bratfett in einem großen Bräter erhitzen und das Fleisch von allen Seiten scharf anbraten. Während des Bratens nach und nach ca. 1/2 l Sud über das Fleisch gießen, das Gemüse zufügen.
- Den Braten bei mittlerer Hitze ca. 2 Stunden schmoren, bis das Fleisch weich ist, etwa eine halbe Stunde vor Schmorende die Marinade bis zu einer Menge von ca. 1 Liter aufgießen.
- Das Fleisch herausnehmen und warm stellen.
- Das gegarte Gemüse mit einem Stabmixer pürieren und die Soße anschließend durch ein feines Sieb passieren. Den Soßlebkuchen in der Soße einweichen, kurz aufkochen, mit dem Schneebesen verrühren und je einen Becher süße und saure Sahne einrühren. Mit Zucker, Salz, Pfeffer und Preiselbeeren leicht süßsauer abschmecken.
- Das Fleisch in Scheiben schneiden und mit Klößen und Blaukraut servieren.

Münchner Kronfleisch

Kronfleisch ist das Zwerchfellfleisch vom Rind, das die Brusthöhle von der Bauchhöhle trennt. Das Fleisch ist grobfaserig und trocken. Es eignet sich auch als Suppenfleisch und für Gulasch, dann aber nur in Kombination mit anderem, hochwertigerem Fleisch. Beim Kochen kräuselt es sich wie eine Krone.

Münchner Kronfleisch wird als Schmankerl, als Vorspeise oder als Hauptgericht, besonders gerne aber auch als zweites Frühstück um elf Uhr morgens serviert. Das zarte Fleisch dampft auf dem Holzteller und der frisch geriebene Kren (Meerrettich) dazu beißt ein bisschen in der Nase – köstlich!

Zutaten

(Für 4 Portionen)

— 750 g Kronfleisch (Zwerchfellfleisch vom Rind)
— 2 Karotten, 1 Stange Porree (Lauch), 1 viertel Knolle Sellerie
— 1 Zwiebel
— 1,5 l Salzwasser

Zubereitung

— Das Gemüse putzen und in kleine Würfel schneiden.
— Das gewürfelte Gemüse mit der geschälten, halbierten Zwiebel in kaltem Salzwasser aufsetzen.
— Das Kronfleisch waschen, zum Gemüse geben und 15–20 Minuten weich kochen lassen.
— Das Kronfleisch aus dem Sud herausnehmen, wenn es innen noch leicht rosa ist, in Scheiben schneiden und auf Holztellern anrichten.

Anmerkung: Kronfleisch zum zweiten Frühstück wird auf einem Holzteller serviert – dazu gibt es neben dem frisch geriebenen Kren eine Rote Rübe, Essiggürkchen oder Salzgurken, alles zusammen mit Schnittlauchröllchen verziert. Und dazu natürlich ein frisch gezapftes Münchner Bier!

Kren – bayerischer Meerrettich

Bayerischer Meerrettich, mundartlich auch als Kren bezeichnet, wird hauptsächlich in Mittel- und Oberfranken angebaut. Sein Anbau beginnt im Frühjahr mit der Auspflanzung von Wurzelausläufern, den so genannten Fechsern. Die Haupternte der etwa 30 Zentimeter langen und vier Zentimeter dicken Pfahlwurzel, die außen von der Erde bräunlich verfärbt, innen aber schneeweiß ist, erfolgt im Oktober und November und geht bis April. Von der Pflanzung bis zur Ernte benötigt Meerrettich etwa sechsmal so viel Aufwand wie die Kartoffel.

Frisch geriebener, aromatisch scharfer Kren wird zu vielerlei Speisen gereicht, so zu Sülze, Grilladen, Lachs, Aal, Würstchen, zu gekochtem Rindfleisch – vor allem zu Tafelspitz. Auch zur Verfeinerung von Béchamelsoße wird er verwendet, darf dann aber nur kurz mitziehen, weil er sonst sein Aroma verliert. Meerrettich spielt auch in der Volksheilkunde eine wichtige Rolle.

Niederbayerisches Schwarzgeräuchertes

Schwarzgeräuchertes ist eine niederbayerische Spezialität. Früher bestimmten auf dem Lande in Niederbayern vor allem Kartoffelgerichte den Speiseplan. Doch an Sonn- und Feiertagen und natürlich zu feierlichen Anlässen wurde ein Festtagsbraten aufgetischt. Geschlachtet wurde wegen mangelnder Kühlmöglichkeiten vor allem in der kalten Jahreszeit. Zur Haltbarmachung wurde das Fleisch erst für drei bis vier Tage trocken gesalzen und gewürzt. Anschließend legte man das Fleisch etwa zwei bis drei Wochen in eine Salzlake, dann befreite man es vom Salz und den Gewürzen und räucherte es vier bis fünf Tage bei 50–55 Grad mit Kienholz und ein wenig Tannenreisig.

Zutaten

(Für 4 Portionen)

— 1 halbe Zwiebel
— 100 g Butterschmalz zum Braten
— 750 g geräuchertes Schweinefleisch (vorzugsweise aus der Schulter)
— 1 Schweineschwarte
— 750 g Sauerkraut
— etwas Kümmel, einige Wacholderbeeren
— 1/2 l Wasser

Zubereitung

— Die halbe Zwiebel klein schneiden und in einem Topf im Fett andünsten.
— Das Sauerkraut mit dem Kümmel, den Wacholderbeeren und dem halben Liter Wasser dazu geben.
— Das Schweinefleisch und die Schweineschwarte etwa 1 1/2 Stunden mitkochen.
— Schwarzgeräuchertes, in Scheiben geschnitten, ergibt mit dem Sauerkraut zum Brot in Bayern eine deftige Zwischenmahlzeit! Im übrigen Deutschland wird es als Hauptmahlzeit verzehrt!

Surhaxn

Die gepökelte Schweinehaxe gehört zu den beliebten bayerischen Rezepten, die überall auf den Speisekarten der Gasthöfe zu finden sind. Auch die fleischigen Vorder- oder die kleineren Hinterhaxen werden, meist gepökelt, in Bayerns Metzgereien angeboten. Während des Pökelns verbindet sich der rote Blutfarbstoff (Hämoglobin) mit dem Nitrit. So wird das Hämoglobin unempfindlich gegenüber Hitze und Sauerstoff – das Fleisch behält seine rote Farbe, weshalb man auch vom „Umröten" spricht.

Geschmacklich unterscheiden sich Vorder- und Hinterhaxe nicht. Die fleischigere Hinterhaxe wird zudem auch gerne gegrillt.

Zutaten

(Für eine Portion)

— 1 Schweinehaxe (ca. 1 kg)
— 10 g Gänseschmalz
— 1/2 Zwiebel
— 380 g Sauerkraut
— 1/2 TL Kümmel, frisch gemahlener schwarzer Pfeffer, Salz, 1 TL Zucker
— 1 TL Wacholderbeeren, 1 Lorbeerblatt
— 1/8 l Weißwein

Zubereitung

— Das Gänseschmalz in einem Schmortopf auslassen, die fein gehackte Zwiebel darin andünsten und das Sauerkraut zufügen.
— Alles zusammen kräftig durchschmoren lassen, mit Kümmel, Zucker, Pfeffer, Salz, Wacholderbeeren und Lorbeerblatt würzen und den Weißwein zufügen.
— Die Hitze reduzieren, die abgespülte Schweinehaxe auf das Sauerkraut legen und bei geringer Hitze und geschlossenem Deckel köcheln lassen.
— Nach ca. 30 Minuten die Schweinehaxe umdrehen und noch ca. weitere 45 Minuten köcheln lassen.

Anmerkung: Zum Servieren erst das Sauerkraut, dann die Surhaxe auf einer vorgewärmten Platte anrichten.

Tellersulz

Die auch Schüsselsülze genannte Tellersulz besteht aus Fleischstückchen bzw. Fleischscheiben, Gemüse und Ei, die in Aspikmasse eingelegt werden. Sie wird direkt in Tellern zubereitet. Die leicht säuerlich schmeckende Tellersülze wird in ganz Bayern als kalte Mahlzeit gereicht, dazu schmecken Bratkartoffeln, Bauernbrot und Krautsalat.

Zutaten

(Für 4 Portionen)

— 500 g Schweinefleisch, am besten aus der Schulter

— 6 gespaltene Schweinsfüße

— 250 g Suppengemüse (Möhren, Sellerie, Petersilienwurzel, Porree)

— 15 schwarze Pfefferkörner, 3 Wacholderbeeren, 2 Pimentkörner

— 1 Lorbeerblatt

— 1/8 l Essig

— Salz

— 1 Bund Kräuter (Petersilie, Liebstöckel, Estragon, Majoran)

— 1 hart gekochtes Ei

Zubereitung

— Das Fleisch und die Knochen in kaltem Salzwasser aufsetzen und mit dem Suppengemüse, den Gewürzkörnern und dem Lorbeerblatt zum Kochen bringen.

— Das oben auf dem Sud schwimmende Eiweiß abschäumen.

— Das Fleisch bei kleiner Hitze 45 Minuten garen, dann herausnehmen, entbeinen, abkühlen lassen, in feine Streifen oder Scheiben schneiden und in den Kühlschrank geben.

— Die Kochbrühe etwas erkalten lassen, entfetten und pikant mit Essig abschmecken.

— Vier vorgekühlte Teller 23 Millimeter mit der Brühe bedecken, dann die Fleischstücke darauf legen und eine Scheibe vom hart gekochten Ei in die Mitte drücken, die restliche Brühe darüber gießen und stocken lassen.

— Abschließend die Teller in den Kühlschrank stellen, bis die Masse völlig fest ist.

Metzelsuppe

Die auch Kesselsuppe genannte Metzelsuppe wird am Schlachttag vor allem in Franken und Bayerisch-Schwaben zubereitet. Früher gehörten frisch gefüllte, aber geplatzte Würste in die Suppe. Heute verwendet man nur den Inhalt frisch abgedrehter Blut- und Leberwürste.

Zutaten

(Für 4 Personen)

- 1 Zwiebel
- 30 g Schweineschmalz
- 1,5 l Brühe
- je 2 Blut- und Leberwürste
- 1 TL Majoran
- Salz, frisch gemahlener schwarzer Pfeffer, Muskat
- 4 Scheiben Graubrot
- 1 Bund Schnittlauch

Zubereitung

- Die Zwiebel in feine Ringe schneiden, im Schmalz andünsten und anschließend die Brühe angießen.
- Von den Würsten die Haut entfernen und den Inhalt zur Brühe geben. Aufkochen lassen, mit Salz und Pfeffer abschmecken und noch etwas weiter köcheln lassen.
- Die Brotscheiben in Würfel schneiden und rösten.
- Zum Servieren die Brotwürfel mit dem Schnittlauch auf die Suppe geben.

Anmerkung: Im Schwäbischen werden oftmals auch Spätzle mit in die Metzelsuppe gegeben.

Riebelesuppe

Wenn früher beim Schlachten die leicht verderblichen Teilstücke gekocht wurden, fiel immer eine kräftige Fleischbrühe an. Diese wurde am Ende des Schlachtfestes gemeinsam mit allen Beteiligten gegessen. In Schwaben hat man diese Suppe gerne noch mit einer frischen Nudeleinlage versehen, die „Riebele" sind nichts weiter als Teigbrösel. Aus der Tradition der Hausschlachtung hat sich dieses Rezept als Nachtessen bei großen Veranstaltungen erhalten.

Zutaten

(Für 4 Personen)

— 2 Eier

— 1 Eigelb

— 250 g Mehl

— Salz

— 1,5 l Fleischbrühe

— Schnittlauch und Butter

Zubereitung

— Aus Eiern, Eigelb, Mehl und Salz einen festen Nudelteig herstellen.

— Aus dem Teig einen dicken Klumpen formen und auf dem Reibeisen in kleine Riebele reiben.

— Die Riebele auf einem Handtuch trocknen lassen. Anschließend in der Fleischbrühe 5 Minuten lang kochen.

— Zum Servieren die Suppe nach Belieben mit Schnittlauch und Butter verfeinern.

Meefischli und Steckerlfisch
Bayerische Fischspezialitäten

Bayern liegt – wie allgemein bekannt sein dürfte – nicht am Meer. Insofern können bayerische Fische nur Süßwasserfische sein, was aber keine Einschränkung darstellt, denn die Flüsse und Seen im Land bieten vielfältige Fischarten, die allesamt eine außerordentliche Bereicherung der bayerischen Küche darstellen. Edle Fische bietet die Familie der Salmoniden, allen voran die Forelle und Saiblinge. Darüber hinaus gibt es Felchen, Renken, Karpfen, Hecht und Zander – um hier nur die wichtigsten zu nennen. Bodensee, Chiemsee und Königssee wetteifern miteinander, wer die besten Fische besitzt. Doch die eigentliche Grundlage der bayerischen Fischküche bildet die gleichermaßen traditionelle wie weit verbreitete Teichwirtschaft.

Die Teichwirtschaft hat nicht nur in Bayern eine lange klösterliche Tradition. Besonders in Franken und in der Oberpfalz kommen darüber hinaus noch die für die Teichwirtschaft besonders günstigen naturräumlichen Voraussetzungen hinzu. Allein das fränkische Hauptgebiet weist an die 2000 Hektar Teiche im so genannten Aischgrund auf. Dazu kommen 500 Hektar Teiche in der Oberpfalz.

Zum Ende des Mittelalters waren in Bayern noch immer große Flächen nicht in Bewirtschaftung genommen worden, weil die Böden entweder zu schlecht waren oder aufgrund des hohen Grundwasserstandes nicht genutzt werden konnten. Oft legte man stattdessen Teiche an, womit auch diese Böden ertragreich zu nutzen waren – denn zur damaligen Zeit war Fisch viel teurer als Fleisch!

Vor allem der Karpfen hat seit Jahrhunderten aus den vielen bayerischen Teichen die Wege in die Kochtöpfe des Landes gefunden. Dieser Fisch erreicht seine optimale Größe nach drei Sommern mit etwa zwei bis drei Pfund Gewicht. Er hat einen flachen Körper mit glattem Bauch und einigen Schuppen entlang des Rückens und der Flossen. Seine Bauchseite ist cremefarben, sein Rücken dunkelgrau bis olivgrün. Im Laufe der Zeit entwickelte sich der Karpfen von einer Fastenspeise zur Festtagsspeise des reicher werdenden Bürgertums in den bayerischen Städten. Heute ist der Karpfen ein vor allem im Winter beliebter Edelfisch – blau oder gebraten.

Kleine bayerische Karpfenparade

Aischgründer Speisekarpfen – der Fisch der Bamberger Bischöfe

Im bedeutendsten bayerischen Fischzuchtgebiet, im mittleren Aischgrund, begünstigen wasserundurchlässige Bodenbereiche bei schwachem Gefälle der Täler und zahlreichen, zur Versumpfung neigenden Quellen die Anlage von Teichen. Auch die Wassertemperaturen sind hier für die Karpfenzucht günstig. Das Gebiet der Aischgründer Teichwirtschaft gehörte fast in seiner gesamten Ausdehnung zum ehemaligen Hochstift und Fürstentum Bamberg. Die Entwicklung der Teichwirtschaft im Mittelalter stand hier wie in anderen Regionen Bayerns mit der Entstehung der vielen Klöster in engem Zusammenhang, deren Bedarf an Fischen wegen der langen, sich auf Monate erstreckenden Fastenzeiten sehr groß war.

Der Aischgründer Karpfen wird auch als so genannte Regionalrasse bezeichnet, die im Vergleich zum Franken-Karpfen hochrückiger ist. Vielfach wird die Ansicht vertreten, die Bischöfe von Bamberg seien für die heutige Form des Aischgründer Karpfen verantwortlich, denn sie hätten einen Karpfen gewollt, der die damals üblichen ovalen Fischteller ausfüllte.

Die Ernährung der Speisekarpfen basiert überwiegend auf Naturnahrung, bestehend aus Bodennahrung und Zooplankton, zugefüttert werden Leguminosen und Getreide. Diese Art der Fütterung und die geringe Besatzdichte sichern eine hervorragende Fleischqualität. Das feste, fettarme Fleisch ist sehr wohlschmeckend und für alle Zubereitungsarten geeignet: Der Fisch kann im Ganzen oder als Teilstück zum Dünsten für Aufläufe und Suppen usw. verwendet werden. Auch das Karpfenfilet stellt eine Delikatesse dar. Hauptsaison für die Karpfen sind die Monate September bis April.

Dinkelsbühler Karpfen – besonders blau eine Spezialität

Der Dinkelsbühler Karpfen wurde Anfang des 20. Jahrhunderts aus einer alten Landrasse heraus zum „frohwüchsigen Dinkelsbühler Karpfen" gezüchtet und weist einen weniger stark ausgeprägten Buckel als der Aischgründer Karpfen auf.

Dinkelsbühl und Umgebung ist die zweitwichtigste Fischzuchtregion Bayerns und hat genauso wie im Aischgrund eine lange Tradition. Im Jahre 1550 soll es hier sogar „so viel Weiher als Tage im Jahr“ gegeben haben. Die frühere Bedeutung der Fischerei ist unter anderem auch an den städtischen Verordnungen und aus Pachtverträgen erkennbar: So wurden den Fischern beispielsweise Auflagen erteilt, dass sie für die Fischmärkte am Dienstag und Freitag ein ausreichendes Angebot bereit halten sollten, damit die Bürger, geistliche und weltliche, reich und arm, versorgt werden konnten. Ihre Weiher dienten zugleich der Wasserversorgung für Mühlen und handwerkliche Betriebe, als Wasserreserve zur Brandbekämpfung sowie nicht zuletzt als Viehtränke.

Das Abfischen der Karpfenweiher beginnt im September und endet im April. Ende Oktober/Anfang November findet aus diesem Anlass in Dinkelsbühl eine Fischernte-Woche statt mit einer Schauanlage am Marktplatz und einer Reihe von Veranstaltungen. Anzumerken sei noch, dass es in Dinkelsbühl sogar noch zwei „Stadtfischer“ gibt.

Die Rezepte für Dinkelsbühler Karpfen gleichen denen für Aischgründer Karpfen. Der blau gesottene Karpfen wird in Wirtshäusern des Dinkelsbühler Raumes als Spezialität angeboten, wobei die Zugaben zum Sud wie Essig, Wein und Gewürze nach Art des Hauses variieren.

Oberpfälzer Karpfen – ein Kind der Eisenindustrie

Im Gegensatz zum Schuppenkarpfen, der ganz beschuppt ist, hat der Oberpfälzer Spiegelkarpfen nur einzelne Schuppenpartien auf dem Rücken. Sein Fleisch ist sehr bekömmlich, reich an wertvollen Eiweißen und ungesättigten Fettsäuren und weist nur einen Fettanteil von vier Prozent auf.

Die Karpfenteichwirtschaft ging in der Oberpfalz von dem 1132 gegründeten Zisterzienserkloster Waldsassen aus und erlebte im 15. Jahrhundert ihre Blütezeit: Die sich hier ab dem 13. Jahrhundert entwickelnde Eisenindustrie benötigte Wasserkraft zum Betreiben der Hammerwerke und staute zu diesem Zweck Teiche auf, die man wiederum auch zur

Fischzucht nutzte. Noch heute spielt in der Oberpfalz die Teichwirtschaft als landwirtschaftlicher Betriebszweig eine bedeutende Rolle – immerhin besitzen hier über 2000 Landwirte fast 9000 Teiche mit einer Fläche von rund 5100 Hektar. Die Fischerei stellt allerdings nur für 31 Betriebe den Haupterwerb dar.

Der Begriff „Oberpfälzer Karpfen“ ist inzwischen EU-weit als geschützte geographische Angabe (G.G.A.) eingetragen.

Chiemsee Fischwürst

Die Klosterküche kennt seit jeher viele Variationen der Zubereitung von Fisch, darunter auch Fischwürste. So ist das um 770 von Bayernherzog Tassilo III. gegründete Kloster Frauenwörth auf der Chiemseeinsel Frauenchiemsee nicht nur für seine großartigen romanischen Fresken in der dreischiffigen Basilika berühmt, sondern ist auch für seine Fischwürst weithin bekannt, die sie dem Einfallsreichtum von Marianne Moser, der Küchenchefin der Klosterwirtschaft, verdankt.

Zutaten

(Für 10 Würste)

— 500 g Weißfischfilet
— 1 mittelgroße Zwiebel
— 2 Eier
— 100 ml Milch
— 2 EL Butter
— Salz, frisch gemahlener schwarzer Pfeffer, Petersilie

Zubereitung

— Das Weißfischfilet durch den Fleischwolf drehen.
— Danach die Zwiebeln durchdrehen und in etwas Butter andünsten.
— Die Zwiebel mit der gehackten Petersilie, den Eiern und der Milch zur Fischmasse geben, sodass sie Bräteigenschaft erreicht.
— Das Fischbrät mit Salz und Pfeffer abschmecken.
— Das Fischbrät in einen Spritzbeutel ohne Tülle geben, in kochendes Wasser etwa 10 Zentimeter lange Würste spritzen und so lange kochen, bis diese an die Oberfläche kommen. Danach die Würste noch 12 Minuten ziehen lassen.
— Die Würste aus dem Kochwasser herausnehmen und nach dem Abtropfen kurz in der restlichen Butter von allen Seiten anbraten. Als Beilage schmecken Kartoffelsalat und Gewürzgurken.

Bayerische Gewürzgurken

Keine Brotzeit ohne Gewürzgurke! Die Gurke, Cucumis sativuus, wurde seit dem 16. Jahrhundert als Feldgemüse in Bayern zunächst nur in Kloster- und Bauerngärten angebaut. Seit dem 17. Jahrhundert nahm der feldmäßige Anbau zu, sodass bereits Gurken exportiert werden konnten. Und seitdem man ab der zweiten Hälfte des 19. Jahrhunderts Gurken durch Pasteurisation haltbar machen konnte, war der Siegeszug der Bayerischen Gewürzgurke nicht mehr aufzuhalten. Seit Ende des 19. Jahrhunderts entwickelte sich in Bayern auch eine leistungsfähige Verarbeitungsindustrie, die Gewürzgurken in vielen Variationen auf hohem Qualitätsniveau herstellt.

Etwa vier Fünftel der bayerischen Freilandgurkenernte von jährlich 125.000 Tonnen werden zu Gewürzgurken verarbeitet. Das Hauptanbaugebiet befindet sich in Niederbayern mit Schwerpunkten bei Landshut, Dingolfing, Deggendorf und Straubing. Die automatisierte Ernte der Gewürzgurken findet zwischen Ende Juni und Anfang September statt, wenn die ersten Gurken eine Länge von neun Zentimetern erreicht haben. In diesem Zeitraum wird zwei- bis dreimal wöchentlich geerntet, um der Verarbeitungsindustrie gleich bleibende Größen zu liefern. Durch Zugabe von Essig, Salz, Zucker und Kräutern entstehen dann die knackigen, feinsauren Gewürzgurken: eine Delikatesse, die auch ganz im Trend einer modernen, leichten Genießerküche liegt!

Donauzander

Donauzander können bis über einen Meter lang werden. Sie haben einen langen, hechtähnlichen Körper und einen schmalen Kopf mit spitzer Schnauze. Rücken und Seiten sind silbergrau bis dunkelgrün, der Bauch silbrig weiß. Der Zander hat sehr aromatisches Fleisch und kaum Gräten. Bis ins 19. Jahrhundert hinein fing man den Zander in der Donau noch mit Fischgabeln oder Speeren während der Laichzeit. Seit Anfang des 20. Jahrhundert sind diese Fanggeräte verboten. Außerdem darf er während der Laichzeit in der Donau vom 15. März bis 30. April überhaupt nicht mehr gefischt werden. Zusätzlich besteht ein Schonmaß von 50 Zentimeter Länge. Nach wie vor wird der Donauzander in der Flussfischerei gefangen. Aus der Teichwirtschaft stammen nur die Setzlinge, die im Herbst abgefischt und daraufhin in die Donau ausgesetzt werden.

Zutaten

(Für 4 Personen)

— 1 küchenfertiger Donauzander (1 kg)
— Saft von 1/2 Zitrone
— 1 TL Salz
— 1 Msp. frisch gemahlener weißer Pfeffer
— 1 Knoblauchzehe
— 1 Bund Kerbel
— 4 EL weiche Butter
— 2 Kartoffeln
— 1/4 l Gemüsebrühe
— 200 g Crème fraîche
— 1 Bund Dill

Zubereitung

— Den Donauzander innen und außen gründlich waschen und trocken tupfen.
— Den Fisch innen mit Zitronensaft, Salz und Pfeffer einreiben.
— Den Backofen auf 200 Grad vorheizen.
— Die Knoblauchzehe schälen, klein hacken, mit etwas Salz bestreuen und mit einer Gabel zerdrücken. Den Kerbel waschen, trocken schwenken und klein schneiden, dann die Butter mit dem Knoblauch und dem Kerbel verrühren.
— Die Kartoffeln waschen und schälen.
— Die Gemüsebrühe zum Kochen bringen.
— Den Zander mit den Kartoffeln füllen, mit der unteren Seite in eine Auflaufform stellen (die Kartoffeln geben dem Fisch Halt) und den Fisch gleichmäßig mit der Kerbelbutter bestreichen.
— Den Zander im Backofen auf der unteren Schiene etwa 35 Minuten garen. Nach 10 Minuten die heiße Gemüsebrühe um den Fisch gießen, nach 25 Minu-

ten den Zander mit der Crème Fraîche bestreichen.

— Dill waschen, trocken schwenken, von groben Stielen befreien und klein schneiden.

— Den Zander auf einer vorgewärmten Servierplatte anrichten, mit etwas Bratfond umgießen und mit den Dillspitzen bestreuen. Dazu schmecken gedünstetes junges Gemüse oder junger Blattspinat und frisch geröstetes Knoblauchbrot.

Kretzer – eine stachelige Köstlichkeit

Der Kretzer, ein in fließenden und stehenden Gewässern lebender Barsch mit auffallend hohem Rücken, zählt zu den bayerischen Leckerbissen. Dieser Fisch mit heller Bauchseite, einem dunkelgrau bis olivgrünen Rücken und roten Bauch- und Schwanzflossen erreicht eine Länge von 15 bis 30 Zentimetern. Seine Rückenflosse ist geteilt und hat scharfe Stacheln – von denen auch sein Name herrührt. Hauptsächlich kommt er im Bodensee vor, wo er mit Netzen gefangen wird.

Der Kretzer wird vor allem wegen seines festen, weißen und schmackhaften Fleisches sehr geschätzt. Vielfältig sind die Zubereitungsarten des Kretzerfleisches. So wird das Filet des Kretzers gerne in Backteig oder mit Ei, Mehl und gesiebten Bröseln aus Weißbrot paniert und in der Pfanne hellbraun gebraten. Als Beilage hierzu eignen sich Blattsalate oder Kartoffelsalat.

Lechtalforelle

Die Lechtalforelle stammt aus natürlicher Aufzucht und wird heute als Regionalmarke mit gesicherter Herkunftsangabe frisch oder geräuchert angeboten.

Zutaten

(Pro Person)

- 1 Lechtalforelle (etwa 350 g)
- 30 g Butter
- Salz, frisch gemahlener schwarzer Pfeffer
- 2 Stängel Estragon, Basilikum (oder Oregano) und Petersilie

Zubereitung

- Den Ofen auf 220 Grad vorheizen.
- Die Forelle ausnehmen, auswaschen, vorsichtig mit Küchenpapier abtrocknen, dabei die Schleimschicht auf der Haut belassen. Ein paar Butterstückchen (ca. 20 g) in den Bauch legen, salzen und pfeffern und die Kräuterstängel hineinlegen.
- Ein großes Blatt Alufolie auf der glänzenden Seite mit der restlichen, zimmerwarmen Butter einstreichen. Die Forelle auf die Alufolie legen und die Folie über der Forelle und an den Enden einschlagen.
- Die Forellen auf den Rost legen, auf der mittleren Schiene in den vorgeheizten Ofen schieben und 18–20 Minuten garen.

Anmerkung: Als Beilage eignen sich Kartoffeln, je nach Belieben als Pell-, Dampf-, Salz- oder Butterkartoffeln und ein mit frischen Kräutern angemachter, grüner Salat.

Saibling – ein Edelfisch mit fetter Flosse

Ein weiterer bayerischer Edelfisch ist der Saibling, der Mitte des 19. Jahrhunderts aus Nordamerika nach Mitteleuropa eingeführt wurde und seitdem in europäischen Seen und Flüssen heimisch ist. Er ist etwas kleiner als eine Forelle, hat einen olivgrünen bis braunen Rücken und darauf weiße Flecken. Vom Kopf bis zum Schwanz zieht sich seitlich eine dunkle Linie. Die Bauchflossen sind hellrot und haben schwarz-weiße Ränder. Der Bachsaibling aus sauerstoffreichen, tiefen Seen wird auch in Teichwirtschaft gehalten und hat mit 700 Gramm sein Idealgewicht. Seesaiblinge haben einen hellroten Bauch, die Flossen sind hellrot und weiß gerändert, auf dem Rücken befindet sich eine Fettflosse. Ihr Fleisch ist weiß bis hellrosa. Seesaiblinge können bis zu 3000 Gramm schwer werden und eine Länge von 60 Zentimetern erreichen. Wandersaiblinge werden noch größer, sind aber seltener. Wandersaiblinge und Seesaiblinge sind Wildfische geblieben, während der Bachsaibling meistens in Fischzuchten gehalten wird.

Saiblinge bereitet man am besten in einem milden Sud zu, um den feinen Eigengeschmack ihres Fleisches herauszuheben mit dem Würzen sollte man sich also zurückhalten.

Meefischli

Meefischli sind eine mainfränkische Spezialität, die auch nur hier angeboten werden. Es handelt sich um kleine Mainfische verschiedener Art – früher verwendete man hauptsächlich die Fischart Schneider, heute eher Lauben und Rotaugen, die frittiert im Ganzen gegessen werden. Traditionell dürfen Meefischli nicht größer sein als der kleine Finger der Statue des St. Kilian auf der Würzburger Mainbrücke.

Zutaten

(Für 4 Personen)

— 800 g Meefischli
— Salz
— 1 Msp. Zimt und etwas Mehl zum Wenden
— Öl oder Schmalz zum Frittieren
— Zum Garnieren: Zitrone und Petersilie

Zubereitung

— Die kleinen wilden Mainfische waschen und die Köpfe abtrennen.
— Die Fische in einer Mischung aus Mehl, Salz und Zimt wenden.
Die Fische anschließend in einem tiefen Fettbad aus Öl oder Butterschmalz knusprig ausbacken.
— Die Fische mit der Schaumkelle aus dem Öl fischen, mit Salz bestreuen, auf einer Platte oder einem großen Teller auftürmen und mit krauser Petersilie und Zitronenenschnitzen garnieren.
— Vor dem Verzehr mit Zitronensaft beträufeln.

Anmerkung: Frittierte Meefischli verspeist man mit den Fingern mit Gräten und Haut. Dazu passt immer ein trockener Frankenwein.

Renke mit geräuchertem Kraut

Die auch Felchen genannte Renke ist ein schlanker, silberglänzender Fisch mit stahlblauem Kopf und Rücken. Ihre großen und zarten Schuppen sind kreisrund. Ihr Fleisch ist hell, zart, aber fest und weist einen ausgeprägten Geschmack auf. Auch Rogen und Leber stellen eine ausgesprochene Delikatesse dar. Die Renken gehören zu den feinsten und teuersten Tafelfischen.

Renken sind vorwiegend in den kühlen Seen der Voralpenregion zu finden, ihr Hauptfanggebiet ist der Bodensee. Renken erreichen eine Größe von 50–60 Zentimetern und ein Gewicht von bis zu 3 Kilogramm. Ihr Lebensraum ist die Tiefe der Seen, nur in der Laichzeit von Oktober bis Dezember steigen sie in Schwärmen in der Seemitte zur Oberfläche. Fangsaison ist April bis Anfang Oktober.

Zutaten

(Für 4 Personen)

Für das geräucherte Kraut:

— 1 Spitzkohl oder zartes Weißkraut (400–500 g)
— 2 EL Zucker
— 60 g Enten- oder Gänseschmalz
— 2 gewürfelte Schalotten
— 60 g gekochter Schinken, gewürfelt
— 3 EL Champagneressig
— Salz, schwarzer Pfeffer
— 100 ml Kalbsfond
— 30 g Butter

Für die Renken:

— 4 Renken, à 220 g
— Salz, schwarzer Pfeffer
— je 12 EL fein gehackte Petersilie, Brennnesseln, Koriander, Kerbel, Estragon
— Mehl zum Wenden
— 6 EL Olivenöl
— 8 kleine geschälte und halbierte Kartoffeln, 4 Minuten blanchiert
— 8 geschälte, geviertelte Strauchtomaten
— 2 TL Zitronensaft
— 1 TL Balsamicoessig
— nach Belieben einige Brennnesselblätter und Fett zum Frittieren

---

Zubereitung

— Ofen auf 180 Grad vorheizen.
— Den Krautkopf vierteln, Strunk entfernen, Kraut in dünne Streifen schneiden.
— Drei Esslöffel Wasser in einem flachen Topf zum Kochen bringen, Zucker hineingeben und einkochen lassen, bis der Zucker karamellisiert.
— Schmalz, Schalotten und Schinkenwürfel zugeben und anbraten, das Kraut unterrühren, mit Essig ablöschen, salzen und pfeffern.
— Den Kalbsfond zugeben und das Kraut zugedeckt im Ofen bei 180 Grad 15–20 Minuten schmoren.
— vor dem Servieren die Butter zufügen.
— Während das Kraut im Ofen schmort, die Köpfe und Mittelgräten der Renken entfernen, feine Gräten mit der Pinzette herausziehen.
— Die Renken salzen und pfeffern.
— Die Hälfte der Kräuter in die Renken füllen, zusammenklappen und im Mehl wenden.
— Vier Esslöffel Olivenöl erhitzen und die Fische mit den Kartoffeln von jeder Seite 3–4 Minuten knusprig braten, die Tomaten nach der Hälfte der Garzeit zugeben und ebenfalls mitbraten.
— Fische herausnehmen mit Kartoffeln, Tomaten und Kraut anrichten.
— Die restlichen Kräuter im übrigen Öl mit Zitronensaft und Essig in der Pfanne durchschwenken, salzen und pfeffern und über die Fische geben.
— Zum Servieren die Renken noch mit Brennnesselblättern, die kurz vorher in 180 Grad heißem Fett knusprig frittiert wurden, garnieren.

Steckerlfisch

Steckerlfisch ist vor allem in Südbayern beliebt. Dazu spießt man kleinere Fische wie Forellen, Lachsforellen, Renken oder Weißfische auf Steckerl (Stöcke), würzt sie stark und grillt sie – am besten über offenem Feuer. Sie werden in Biergärten und auf Volksfesten angeboten, wo man sie auf Papier serviert. Dazu gibt es eine Brez'n oder eine Semmel. Typisch für den Steckerlfisch ist die knusprige schmackhafte Haut.

Zubereitung

— Die Fische schuppen, putzen, ausnehmen und waschen.

— Die Fische gut salzen und auf junge, nicht zu dünne Holzstöckchen aufspießen.

— Die Stöcke schräg über der Glut eines abgebrannten Feuers in den Boden stecken und braten (man kann natürlich auch Holzkohle und auch einen Grill verwenden).

— Der Steckerlfisch wird nun mehrmals gedreht (bzw. auf dem Grill gewendet) und mit zerlassener Butter bepinselt, damit er eine knusprige Haut bekommt.

Bamberger Hörnla und Hauszwetschgen

Obst und Gemüse aus Bayern

Die ganze Palette mitteleuropäischer Vitamin- und Ballaststoffträger an Obst, Gemüse und Kartoffeln wird auch in Bayern erzeugt – heute eher als Beilage, früher in ärmeren Zeiten oft als Hauptbestandteil der Nahrung, als man sich Fleisch nur als so genannten Sonntagsbraten leisten konnte.

Das größte zusammenhängende Gemüseanbaugebiet Bayerns findet man im Städtedreieck Nürnberg, Fürth, Erlangen, dem so genannten Knoblauchsland. Hier besteht eine Gemüseanbaufläche von fast 2300 Hektar im Freiland und 30 Hektar Unterglasbau. Traditionell erfolgte von hier die Versorgung der im Spätmittelalter reich gewordenen, oben genannten

Städte. Im Kernanbaugebiet gibt es kaum Gehölzstrukturen, hier werden die Felder der prallen Sonne ausgesetzt, um so dem Gemüse beste Wachstumschancen zu bieten. Das Knoblauchsland ist das Hauptanbaugebiet für bayerischen Rettich, darüber hinaus werden hier Kohlrabi, Kohl, Radieschen, Spinat, Zwiebeln, Zucchini, Auberginen, Tomaten, die verschiedensten Salatsorten, auch Tabak, Blumen und Kartoffeln kultiviert. Der Knoblauch, dem dieses Gebiet seinen Namen verdankt, spielt hier nur noch eine untergeordnete Rolle.

Doch Gemüse wird auch noch in anderen Regionen Bayerns angebaut. Berühmt ist der Spargel aus Abensberg, Neustadt und Siegenburg im Landkreis Kelheim und natürlich aus Schrobenhausen. Nicht weniger bekannt sind die birnenförmigen Zwiebeln aus Bamberg und der Hopfen aus Hallertau und Spalt. Kohl wird im ganzen Land angebaut, wie auch die Kartoffel (mit einem Hauptanbaugebiet ebenfalls um Schrobenhausen).

Kleine bayerische Ackerparade

Bayerischer Radi – rustikaler Bierbegleiter

Ein „Radi“ ist nichts anderes als ein Rübenrettich. Die bekannteste Sorte heißt „Münchner Bier-Radi“ und verweist damit schon auf den beliebtesten Begleiter zum Bier. Die rübenförmige oder rundliche große fleischige Wurzel des Radi enthält ein schwefelhaltiges ätherisches Öl, das ihr den eigentümlich scharfen Geschmack gibt. Sie ist reich an Vitamin C und Kalzium. Im Altertum wurde der ursprünglich aus Kleinasien stammende Rettich als Stärkungsmittel und Heilpflanze eingesetzt. Heute ist der Radi ein fester Bestandteil der bayerischen Brotzeitkultur.

Radi wird zunächst unter fließendem Wasser gebürstet, dann schneidet man das Grün und die Seitenwurzeln ab. Zum Verzehr schneidet man ihn vom Stielansatz her mit einem scharfen Messer spiralförmig zu drei Vierteln ein, sodass man den Radi wie eine Girlande auseinander ziehen kann

(sehr hilfreich ist in diesem Fall auch ein im Handel erhältlicher Radischneider, der dünne spiralförmige Blätter aus der Wurzel schneidet). Den geschnittenen Radi sollte man anschließend salzen, wodurch er schmackhafter wird, Wasser verliert und so auch milder und weicher schmeckt. Genießer legen noch eine Butterflocke auf jedes Blatt und schieben es zusammengerollt in den Mund.

Schrobenhausener Spargel – das Beste aus bayerischem Schluff

Um Schrobenhausen wird seit eineinhalb Jahrhunderten Spargel feldmäßig angebaut. Der eigentliche Spargelboom setzte hier aber erst nach dem Zweiten Weltkrieg ein. Heute bauen 600 Schrobenhausener Bauern auf 700 Hektar Landwirtschaftsfläche Spargel an, den sie tagesfrisch an ihre Abnehmer liefern. Es sind vor allem die sandigen Böden dieser Region im Städtedreieck München, Augsburg, Ingolstadt mit ihrem Lehm- und Schluffanteil (Schluff = krümelige Mineralbestandteile), die dem Schro-

benhausener Spargel seinen kräftigen und etwas nussartigen Geschmack geben, der ihn so begehrenswert macht. Um den Verbrauchern höchste Qualität und Produktsicherheit zu garantieren, wurden eigene Qualitäts- und Prüfrichtlinien erlassen, die die Grundlage der so genannten Kollektivmarke „Schrobenhausener Spargel“ bilden, unter der dieser hochwertige und wohlschmeckende Spargel aus Schrobenhausen vermarktet wird. Traditionsgemäß ist am 24. Juni (Johannitag) die Ernte beendet.

Spargel wird immer vom Kopf zum Schnittende hin geschält. Dazu setzt man mit einem scharfen Küchenmesser oder mit dem Spargelschäler ein bis zwei Zentimeter unterhalb des Kopfes an, schält zunächst dünn und dann zum Ende hin dicker. Die Schnittenden sollten als Zeichen von Frische auf Druck noch Saft freigeben. Gut ausgekocht ergeben Schalen und Schnittenden schmackhafte Brühen für Spargelcremesuppen.

Bamberger birnenförmige Zwiebel

Die Bamberger birnenförmige Zwiebel ist eine uralte milde, feste Gemüsezwiebelsorte, die sich leicht in Ringe schneiden lässt und den Geschmack vieler Salate und anderer kalter und warmer Speisen aromatisch abrundet. Leider ist sie etwas in Vergessenheit geraten. Der Feldanbau erfolgt auf kleinen Flächen rund um Bamberg. Wenn im Herbst das Laub abgestorben ist, werden die Zwiebeln ausgegraben, getrocknet und während des Winters luftig, trocken und frostfrei aufbewahrt.

Bamberger Hörnla

Bamberger Hörnla, die nicht nur in Bamberg, sondern auch um Nürnberg und Schweinfurt herum angebaut werden, sind hörnchenförmige Frühkartoffeln, die es in zwei Typen gibt, einer gelbschaligen und einer leicht rotschaligen. Beide Typen sind vorwiegend fest kochend, eignen sich also hervorragend als Salatkartoffel. Durch ihren intensiven Kartoffelgeschmack sind sie bei Sterneköchen und Feinschmeckern gleichermaßen beliebt. Leider ist ihr Anbau wegen des hohen Arbeitsaufwandes stark zurückgegangen.

Bayerisches Kraut

Weißkohl oder auch Weißkraut ist wohl das wichtigste Gemüse in Bayern. Der Volksmund meint, das beste Kraut käme aus Ismaning, weshalb die Ismaninger auch gelegentlich als „Krautköpfe" bezeichnet werden.

Jedenfalls hat Kraut schon immer die Gemüter in Bayern bewegt. So auch schon vor langer Zeit, als die Krautäcker als Gemeineigentum der Bauern eigentlich prinzipiell abgabefrei waren. Doch in Freising musste das beste Kraut als Steuer („Zehnt") frisch geerntet direkt an den Hof in Freising geliefert werden, weshalb man es auch als „Bischofskraut" bezeichnete. Aus einer Urkunde geht hervor, dass schon im Jahre 1659 über 1000 Fuhren mit „Dienstkraut" zum bischöflichen Kontrollamt nach Freising gefahren wurden, natürlich „das schenst und selberst ausklaubt Kraut"! So kam es zum berühmten Ismaninger Seufzer, der jeden Herbst von den betroffenen Bauern ausgestoßen wurde: „Oh mei, oh mei: uns hams ghaut. Hätt man bloß koa Bischofskraut!"

Die in Bayern so sehr geschätzte Kartoffel, botanisch Solanum tuberosum subspecies tuberosum L., gehört wie die Tomaten zur Familie der Nachtschattengewächse. Sie stammt ursprünglich aus den Anden und wurde im 16. Jahrhundert zunächst als Schiffsproviant nach Europa gebracht. An den Fürstenhöfen schätzte man die ursprünglichen Kartoffelsorten zunächst allein wegen ihrer Blüten. Ihr Nährwert wurde im Binnenland erst später erkannt, gab es doch viel Misstrauen gegen diese neuartige Knolle, die den Bauern nicht zuletzt wegen ihrer Frostempfindlichkeit viel zu schaffen machte.

Der erste Hinweis auf den feldmäßigen Anbau von Kartoffeln in Deutschland stammt aus dem Jahre 1647 aus Pilgramsreuth in Oberfranken. Hier wurden am Ende des 17. Jahrhunderts, wie aus den Protokollen über Zehntstreitereien hervorgeht, bereits auf mehr als 500 Feldern Kartoffeln angebaut. Weitere geschichtliche Hinweise finden sich zu Beginn des 18. Jahrhunderts in der Gegend von Nürnberg, wo eine rotschalige, purpurblühende Kartoffelsorte angebaut wurde. Wahrscheinlich gab es aber in dieser Region bereits vor dieser Zeit Kartoffeln.

Die Kartoffel setzte sich im 19. Jahrhundert immer stärker als Grundnahrungsmittel durch, denn noch waren die Menschen mit Nahrungsmitteln nicht immer und nicht ausreichend versorgt – harte Winter, Trockenheit oder zu viel Regen beeinträchtigten die Ernten. Die Kartoffel schaffte mit ihrem höheren Ertrag zunehmend Abhilfe. In ganz Bayern wurden in Anlehnung an die große Bedeutung der Kartoffel Denkmäler gebaut. Das älteste Denkmal steht in Würzburg auf dem Galgenberg, datiert aus dem Jahre 1737.

Die bayerische Kartoffel bietet die Grundlage für eine große Anzahl von köstlichen Rezepten, die in verschiedenster Zubereitung zu allen Tageszeiten geschätzt werden. Der Kartoffelanbau in Bayern liegt mit einem Produktionswert von rund 400 Millionen Euro pro Jahr bei den pflanzlichen Erzeugnissen an dritter Stelle hinter Futterpflanzen und Getreide, aber vor Zuckerrüben, Obst, Gemüse und Wein. Vor allem in den Hauptanbaugebieten ist die Kartoffel eine wesentliche Einkommensstütze für die landwirtschaftlichen Betriebe.

Umfangreich ist auch die bayerische Obsterzeugung. Die Palette reicht von den Beerenobstarten wie Erdbeeren, Johannisbeeren und Himbeeren über Steinobst wie Zwetschgen und Pflaumen oder Kirschen bis hin zum Kernobst, allen voran Äpfel und Birnen. Hier in Bayern gibt es noch ausgedehnte Streuobstwiesen, ein unersetzliches Biotop für viele Tierarten, vor allem für bedrohte Vogelarten. Auch Bodenseeobst ist mittlerweile überregional sehr beliebt. Eine der hier kultivierten traditionellen Apfelsorten ist „Jakob Fischer", kurz nach 1900 vom gleichnamigen Obstbauern gezüchtet, die heute vor allem auf Wochenmärkten angeboten wird. Gleichermaßen überregionale Bedeutung haben auch fränkische Kirschen.

Kleine bayerische Schnapsparade

Blau, blau, blau blüht der Enzian ...

Eine besondere Art der Verarbeitung von Acker- und Plantagenfrüchten stellt das Brennen dar, ein Handwerk, auf das man sich in Bayern vorzüglich versteht. Und unter allen Bränden aus Bayern ist Enzian wohl der bekannteste Schnaps – und wie alles in Bayern hat auch das Brennen von Gebirgsenzian eine lange Tradition.

Grab- und Brennrechte für Enzian hatte der Berchtesgadener Fürstpropst Ferdinand II. schon im frühen 17. Jahrhundert mit dem Ziel erteilt, die Almen des Berchtesgadener Landes durch maßvolles, aber regelmäßiges Graben von Enzianwurzeln milchviehgerecht zu halten. Der aus den Wurzeln gewonnene Enzianschnaps erfreute sich schon bald großer Beliebtheit, vor allem die hohen Herren und adeligen Gäste vom Klosterstift Berchtesgaden tranken den Branntwein gern nach ihren üppigen Mahlzeiten. Mit der Säkularisation im Jahr 1803 entfiel das Berchtesgadener Kloster als Abnehmerkreis. Als Berchtesgaden im Jahr 1810 zum Königreich Bayern kam, gestand man der Familie Grassl als einziger nach langen Verhandlungen ihre alten Grab- und Brennrechte neu zu. Diese Rechte bestehen bis heute.

Längst hat man Enzian in verschiedenen Gebieten Bayerns auf 350 bis 1200 Meter Höhe in Kultur genommen. Nur so kann die unter Naturschutz stehende Pflanze vor dem Aussterben gerettet werden – zu groß ist die Nachfrage nach dem klaren 40-prozentigen Schnaps aus den Wurzeln des Bayerischen Gebirgsenzians geworden, der nicht nur gut schmeckt, sondern eben auch nach einem reichhaltigen Essen oder einer Brotzeit die Verdauung so hervorragend fördert!

Altbayerische Obstbrände – hochprozentiges Aromavergnügen

Die Altbayerischen Obstbrände werden aus den Früchten der extensiv bewirtschafteten Streuobstwiesen gewonnen. In Ober- und Niederbayern konzentrieren sich die Landwirte zwar auf die Milchwirtschaft, aber diese Form des Obstbaus passt gut in die kleinbäuerliche Erwerbsstruktur vor allem der hügeligen Voralpen. Hier wird Obstbau auf den ansonsten schwierig zu bewirtschaftenden Hanglagen mehr oder weniger als Nebenerwerb betrieben. In diesen alten Streuobstanlagen findet man noch viele alte Obstsorten, die wegen ihrer Robustheit überleben konnten – und deren oft würziger Geschmack den altbayerischen Bränden ihr besonderes Aroma geben.

Häufigster Obstbrand ist der Obstler aus Äpfeln und Birnen, der wegen seines feinen und entsprechend den Obstsorten äußerst vielfältigen Aromas besonders geschätzt wird. Besondere Spezialitäten sind die sortenreinen Brände, so etwa Apfeledelbrände, die man beispielsweise aus „Boskop“ und „Gravensteiner“ gewinnt, oder Birnenedelbrände vom Obst meist über 100 Jahre alter Birnbäume. „Williams“ ist der bekannteste Birnenedelbrand. Der Zwetschgenbrand gehört ebenfalls zu den besonders aromatischen Bränden, was darauf zurückzuführen ist, dass er in Altbayern fast ausschließlich aus der spätreifenden und aromareichen Hauszwetschge gebrannt wird. Manche Brenner lassen sie bis in den späten Herbst am Baum nachreifen, bis sie schrumpelig werden und so eine Art „Trockenbeerenauslese“ darstellen. Neben Kirschen runden noch Mirabellen, Renekloden, Quitten, Vogelbeeren (Eberesche), Schlehen und Holunder das Angebot der altbayerischen Brenner ab.

Bad
Feilnbacher
Gellert's
Butterbirne
Bad
Feilnbacher
Zwetschgen
wasser
0,35L
Bronze
Bad
Feilnbacher
Gold

Bayerisch Kraut

Weißkohl oder auch Weißkraut wird unter anderem als Sauerkraut oder roh als „Vitaminspritze" verzehrt. Es wird auch süßlich als „Bayerisch Kraut" zubereitet und hat so in der regionaltypischen Ernährung traditionellerweise große Bedeutung.

Zutaten

(Für 4 Personen)

- 1 frischer Krautkopf
- 40 g Schweineschmalz
- 1 Zwiebel
- 2 El Essig
- 1 EL Zucker
- 1 süßer Apfel
- Salz, frisch gemahlener schwarzer Pfeffer
- 1/8 l Fleischbrühe

Zubereitung

- Den Krautkopf teilen, putzen und hobeln.
- Den Zucker mit dem Schmalz in einem Topf leicht bräunen, die gehackte Zwiebel und den in Stücke geschnittenen Apfel mit anbraten.
- Das Kraut auf die Zwiebel und Äpfel geben, salzen, pfeffern. Anschließend die Brühe angießen.
- Den Deckel schließen und etwa 1 Stunde lang bei milder Hitze schmoren, eventuell noch Brühe zugeben.
- Zum Schluss das Kraut mit Essig süß-säuerlich abschmecken.

Anmerkung: Sie können zur besseren Verdauung und als geschmackliche Variante noch 1 Esslöffel Kümmel mit schmoren lassen. Bayerisch Kraut ist eine traditionelle Beilage zu Fleischgerichten.

Hopfensprossen-salat

Die weißen bis leicht gelblichen, sechs bis acht Zentimeter langen und mindestens vier Millimeter dicken Wurzeltriebe des wilden wie auch des Kulturhopfens galten schon immer als kulinarische Spezialität. Hopfensprossen haben von Mitte Dezember bis Ende April Saison, werden ähnlich wie Spargel zubereitet und schmecken wie eine Mischung aus selbigem und Broccoli.

Zutaten

(Für 5 Portionen)

— 1 kg Hopfensprossen
— 2 Tassen Kochbrühe
— 1/2 Tasse heller Essig
— frisch gemahlener weißer Pfeffer
— 3 El Öl
— frische Petersilie

Zubereitung

— Die Hopfensprossen mit grobem Salz zwischen den Händen abreiben und waschen, danach in Salzwasser etwa 10 Minuten weich kochen.
— Die Sprossen herausnehmen, abtropfen lassen und in eine Schüssel geben.
— Zwei Tassen Kochbrühe noch heiß mit Essig und Pfeffer mischen und über die Sprossen gießen.
— Nachdem die Sprossen erkaltet sind, das Öl darüber geben und mit fein gehackter frischer Petersilie bestreuen.
— Der Hopfensprossensalat sollte vor dem Verzehr gut durchziehen.

Anmerkung: Eignet sich als eigenständiger Salat oder als Beilage zu verschiedenen kräftigen Fleischgerichten.

Pichelsteiner

Den Pichelsteiner Eintopf verdanken wir dem tollkühnen Pandurenoberst Freiherr von der Trenck, der während des Österreichischen Erbfolgekrieges (1740–1748) auch in den Bayerischen Wald vordrang. Das arme Landvolk war von umherirrenden Truppen bereits mehrfach geplündert worden, dennoch zwang der in österreichischen Diensten stehende Pandurenoberst die bayerische Landbevölkerung zur Verpflegung der Truppen etwas Nahrhaftes zusammenzustellen. Zur Verfügung standen allerdings nur Kraut, Rüben und einige Reste Fleisch (Kartoffeln waren noch nicht bekannt). In ihrer Not

kochten die bedrängten Bayern in einem großen Kessel, der an einem Haken über dem Feuer hing und den man Pichel nannte, die Zutaten zu einem Eintopf zusammen, der sich bis heute großer Beliebtheit erfreut.

Eine weitere Entstehungsgeschichte führt in das Dorf Grattersdorf am 862 Meter hohen Büchlstein (also Pichelstein) im Bayerischen Wald. Hier soll der Pichelsteiner Eintopf um 1850 von der Wirtin Augusta Winkler erfunden worden sein. Außerdem wird berichtet, dass Bismarck diesen Eintopf 1893 nach langer Krankheit mit großem Appetit zu sich genommen habe, weshalb der Pichelsteiner Eintopf auch „Bismarck-Ragout" genannt wird.

Unabhängig davon, welche der Entstehungsgeschichten nun die richtige ist – die Stadt Regen im Bayerischen Wald feiert seit über 100 Jahren zur Kirchweih ihr „Pichelsteinerfest".

Zutaten

(4 Portionen)

- 375 g Rind- und Schweinefleisch (vorzugsweise aus der Schulter)
- 30 g Fett oder Mark
- Salz, frisch gemahlener schwarzer Pfeffer, Paprika nach Geschmack, 1/2–1 Tl Kümmel
- 750 g Gemüse (z. B. 1 Sellerieknolle, 3 Petersilienwurzeln, 3 gelbe Rüben, 2 Stangen Lauch, Kartoffeln, Weißkohl, sonstiges Gemüse nach Wahl)
- 750 ml Fleischbrühe
- Petersilie

Zubereitung

- Das Fleisch in Würfel schneiden und in einem Topf im heißen Fett ringsum anbraten.
- Die klein geschnittenen Zwiebeln mit dünsten und das Ganze mit etwas heißem Wasser ablöschen.
- Die Kartoffeln schälen und würfeln, das Gemüse klein schneiden, alles auf das Fleisch geben, anschließend würzen.
- Die Brühe hinzugeben, Topfdeckel schließen und den Eintopf bei schwacher Hitze etwa eine halbe Stunden garen.
- Zum Servieren den Eintopf in eine große Schüssel füllen und mit Petersilie bestreuen.

Ädöpfeldätscher

Bei dem auch Kartoffeldätscher genannten Ädöpfeldätscher handelt es sich um einen Blechkuchen, der je nach Jahreszeit zusätzlich mit Kümmel, Petersilie, Mohn, Schnittlauch oder sogar mit Zwetschgen belegt wird. Er kann als Mittag- und Abendessen und in der Zwetschgenvariante ebenso am Nachmittag kalt zu Kaffee serviert werden. Die alte, ein wenig in Vergessenheit geratene Tradition der Bereitung von Ädöpfeldätscher wird hauptsächlich im Landkreis Rhön-Grabfeld gepflegt und lebt derzeit durch private Haushalte und auf Dorffesten wieder auf.

Zutaten

(Für 3 Bleche)

— 5 Pfund Kartoffeln
— 1 Pfund Mehl
— 1 TL Salz
— Butter zum Bestreichen der Bleche
— 2 Becher Sahne
— 4 Eier
— 4 EL Mehl
— 4 EL Salatöl
— Belag je nach Geschmack und Jahreszeit

Zubereitung

— Die Kartoffeln kochen, durch eine Kartoffelpresse drücken und abkühlen lassen.
— In die noch lauwarme Masse das Salz und das Mehl geben und gut durcharbeiten. Sollte der Teig kleben, so lange Mehl dazugeben bis er trocken ist.
— Den Kartoffelteig auf die gut eingefetteten Bleche geben und dünn ausrollen. Rahm, Eier, Mehl und Salatöl gut verrühren und mit einem Löffel auf den Teig geben.
— Nach Belieben den jeweiligen Belag auf den Teig streuen oder legen und bei 220 Grad ca. 20 Minuten backen.

Anmerkung: Die Mengenangaben sind eher für ein Dorffest gedacht. Für ein Blech die Mengenangaben jeweils dritteln.

Bauchstecherl

Die Bauchstecherl werden regional unterschiedlich auch Kartoffelnudeln, Fingernudeln oder einfach Fingerl genannt – eine eher scherzhafte Bezeichnung für kleinfingerlange, aus gekochten Kartoffeln angefertigte Nudeln. In der Nachkriegszeit, als man zwangsweise auch fleischlose Mahlzeiten zu sich nehmen musste – was einem echten Bayern sehr schwer fällt –, kamen sie in Nieder- und Oberbayern als Hauptmahlzeit auf den Tisch. Heute werden sie eher als Beilage verwendet.

Zutaten

(Für 4 Portionen)

— 750 g rohe Kartoffeln
— 750 g gekochte Kartoffeln
— 100–150 g Mehl
— Salz
— Butter für die Auflaufform

Zubereitung

— Die Kartoffeln waschen.
— Eine Hälfte der Kartoffeln dämpfen, schälen und heiß durch die Kartoffelpresse auf die mit etwas Mehl bestäubte Arbeitsfläche pressen.
— Die andere Hälfte der Kartoffeln roh schälen, in Wasser reiben, anschließend gut ausdrücken.
— Die rohen Kartoffeln mit dem Mehl zu den durchgepressten Kartoffeln geben, salzen und rasch zu einem Teig verkneten.
— Aus dem Teig kleinfingergroße Nudeln formen.
— Die Nudeln in kochendem Salzwasser ca. 10 Minuten ohne Deckel kochen, abseihen, in die gefettete Auflaufform geben und im Backrohr backen.

Anmerkung: In München sind Bauchstecherl besonders zum Krautsalat sehr beliebt.

Bröselhafer

Broselhafer war einst ein zwischen Bad Tölz und Wolfratshausen weit verbreitetes Arme-Leute-Essen, ein typisches fleischloses Werktagsessen – weshalb Bröselhafer vielerorts in Vergessenheit geraten ist. Die Tradition der Zubereitung hat sich aber in bäuerlichen Haushalten aufrechterhalten. Bröselhafer ähnelt noch am ehesten den schwäbischen Spätzle, wird aber nicht aus Mehl, sondern aus Kartoffelteig hergestellt.

Zutaten

(Für 4 Personen)

- 1 kg Kartoffeln
- etwas Wasser oder Milch, evtl. ein Ei
- eine Prise Salz
- reichlich Butterschmalz zum Braten

Zubereitung

- Die Kartoffeln kochen, kalt reiben und mit den übrigen Zutaten zu einem Teig verarbeiten.
- Den Teig zwischen den Händen zur Spätzleform zerreiben.
- Die Teigstücke in der Pfanne mit Butterschmalz knusprig braten.

Anmerkung: Bröselhafer wird zum Mittag- oder Abendessen zu Sauerkraut, Würsten, Speck oder Apfelmus gereicht.

Erdäpfel-Kas

Erdäpfel-Kas ist ein dicker, streichfähiger Kartoffelaufstrich. Entstanden ist er in den Notzeiten nach dem Krieg, als Fett, Käse oder Wurst für die Pausenbrote der Schüler, der Fabrik- und Landarbeiter fehlten. Die Hausfrauen waren gezwungen, aus den wenigen zur Verfügung stehenden Zutaten Brotaufstriche zu zaubern. Heute empfindet man den Erdäpfel-Kas zu einem saftigen, warmen Stück Leberkäs, als Brotzeitbegleiter oder zu gebratenem Wild mit einer Rahmsoße als eine feine Sache! Erdäpfel-Kas ist in Niederbayern in Gasthäusern und Metzgereien erhältlich.

Zutaten

— 500 g mehlig kochende Kartoffeln
— 2 Zwiebeln
— Salz und frisch gemahlener schwarzer Pfeffer
— 250 g saure Sahne, 100 g süße Sahne
— Schnittlauch

Zubereitung

— Die gekochten Kartoffeln schälen, durch die Kartoffelpresse drücken und auskühlen lassen.
— Den Kartoffelbrei mit saurer und süßer Sahne, Salz, Pfeffer und fein geschnittenen Zwiebeln anmachen.
— Fein geschnittenen Schnittlauch über den angemachten Kartoffelbrei streuen und als Brotaufstrich zu Bauernbrot mit Butter reichen.

Rumfordsuppe

Benjamin Thompson, der spätere Reichsgraf Rumford, wurde am 26. März 1753 in North Woburn in den späteren Vereinigten Staaten von Amerika geboren. Als überzeugter Royalist musste er 23-jährig angesichts der Unruhen des nordamerikanischen Unabhängigkeitskrieges nach England fliehen. Im Mai 1784 trat er in die Dienste des bayerischen Kurfürsten ein, wo er mit leitenden Positionen im Militärwesen betraut wurde. Aufgrund seiner Verdienste erhielt er noch im selben Jahr den Titel des Reichsgrafen Rumford. Über seinen Einsatz für das Heer hinaus nahm er ein umfangreiches Sozialprogramm in Angriff. Sein größtes Verdienst besteht für die Bewohner Münchens darin, dass er den Englischen Garten anlegen ließ. Dem Rest der Welt schenkte er Kartoffelsuppen für Armenspeisungen. Später, als man die Bedeutung tierischer Bestandteile in der Ernährung erkannt hatte, wurden Armenspeisungen wie der Rumfordsuppe Speckschwarten beigegeben.

Die heutige Zubereitung lässt nicht mehr erkennen, dass es sich bei der Rumfordsuppe einst um eine Armenspeisung aus Erbsen, Kartoffeln, Graupen und Weizenbrot mit saurem Bier gehandelt hat.

Zutaten

(Für 4 Portionen)

— 150 g geschälte grüne Trockenerbsen
— 1,25 l Fleisch- oder Gemüsebrühe
— 1 kleine grüne Pfefferschote
— 40 g Graupen
— 250 g kleine festkochende Kartoffeln
— 50 g gekochter Schinken in dünnen Scheiben
— 1 Zwiebel
— 1 Knoblauchzehe
— 1 Bund Suppengrün
— 1 EL Öl
— 12 EL Zitronensaft
— Salz, frisch gemahlener schwarzer Pfeffer
— 1 Bund gehackte Petersilie

Zubereitung

— Die Trockenerbsen mit der Brühe einmal aufkochen und zugedeckt bei schwacher Hitze nach Packungsangabe garen.
— Die Pfefferschote längs halbieren, Stielansatz und Kerne entfernen, die Schotenhälften waschen, in Streifen schneiden und mit den Graupen zu den Erbsen geben, die Brühe erneut aufkochen und zugedeckt weitere 10 Minuten garen.
— Zwischenzeitlich die Kartoffeln waschen, schälen, würfeln, in die Suppe geben und nochmals 15 Minuten garen.
— Den Schinken in Streifen schneiden. Die Zwiebel und den Knoblauch abziehen und klein hacken. Das Suppengrün waschen, putzen und klein schneiden. Alle Zutaten im heißen Öl bei kleiner Hitze unter Rühren etwa 5 Minuten braten.
— Die Zutaten in die Suppe geben, mit Zitronensaft, Salz und Pfeffer abschmecken.
— Die Rumfordsuppe auf vorgewärmte Suppenteller füllen und mit der gehackten Petersilie bestreut sehr heiß servieren.

Anmerkung: Zur Rumfordsuppe schmeckt am besten ein kräftiges Bauernbrot.

Fränkische rohe Klöße

Es gibt wohl kaum ein Wirtshaus in Franken, auf dessen Speisekarte nicht die landestypischen Klöße stehen, die zu Schweinebraten und Sauerkraut oder zu Sauerbraten gereicht werden.

Zutaten

(Für 20 Klöße)

— 14 große Kartoffeln
— 2 EL Essig
— 1 gehäufter EL Salz
— 2–3 Scheiben Weißbrot

Zubereitung

— Die Kartoffeln schälen, 5 Kartoffeln in Stücke schneiden und in Salzwasser weich kochen. Die übrigen auf dem Reibeisen in eine Schüssel reiben und dabei etwas Wasser und Essig zufügen.
— Die geriebenen Kartoffeln in ein „Kleeßsäckla" (Leinensäckchen, ein Küchentuch geht aber auch) geben. Das Säckla kräftig ausdrücken, das ausgedrückte Wasser sammeln und stehen lassen.
— Die trockene Kartoffelmasse in eine Schlüssel geben und mit reichlich Salz abschmecken. Das vorher ausgedrückte Wasser abgießen und die abgesetzte Stärke der Kartoffelmasse zufügen. Alles gut zu einem Teig verkneten.
— Wasser erwärmen und beim Kneten so viel zufügen, bis der Teig nicht zu weich und nicht zu fest ist.
— Nunmehr die in Stücke geschnittenen Kartoffeln durch die Kartoffelpresse geben, dem Teig zufügen und das Ganze mit den Händen kräftig durcharbeiten.
— Die Weißbrotscheiben in „Bröckala" (Würfel) schneiden und mit Schmalz in der Pfanne rösten.
— Mit nassen Händen Klöße aus der Kartoffelmasse formen und in die Mitte eines jeden Kloßes einige geröstete Bröckala geben.
— Die Klöße in kochendes Salzwasser geben und etwa 20 Minuten ziehen (nicht kochen) lassen. Wenn sie zur Oberfläche aufsteigen, sind sie fertig.

Schupfnudeln

Schupfnudeln sind schon seit der Barockzeit aus Schwaben als Gesindeessen bekannt, damals allerdings ohne Kartoffeln. Im Allgäu heißen sie Wargelnudeln, in Altbayern Fingernudeln und in Franken Kartoffelnudeln. Es handelt sich um fingerdicke Teigwaren, die als Beilage vor allem zu Wildgerichten oder zu Sauerkraut und Salat gegessen werden. Zum Nachtisch werden sie mit Zucker und Zimt serviert.

Zutaten

(Für 3–4 Portionen)

- 500 g Kartoffeln
- 200 g Mehl
- 2 Eier
- Salz, Muskatnuss und frisch gemahlener schwarzer Pfeffer

Zubereitung

- Aus den gekochten, zerstampften Kartoffeln, etwas Mehl, den Eiern, Salz, Muskatnuss und Pfeffer einen Teig herstellen, dabei nach und nach so viel Mehl zufügen, bis sich alles zu einem glatten Teig verkneten lässt.
- Aus dem Teig 5 Zentimeter lange, fingerdicke Würstchen formen, die an beiden Enden spitz zulaufen.
- Die Schupfnudeln werden 3 bis höchstens 5 Minuten in Salzwasser gegart. Wenn sie gar sind, steigen sie an die Oberfläche.
- Anschließend die Schupfnudeln in der Pfanne in Butterschmalz goldbraun braten.

Anmerkungen:

- Während früher schwäbische Hausfrauen ihre Schupfnudeln selbst herstellten, wird heute sehr gerne auf bereits fertige Schupfnudeln zurückgegriffen, die nur noch in der Pfanne gebraten werden müssen.
- Für Schupfnudeln am besten am Vortag mehlige Kartoffeln in der Schale gar kochen und kühl stellen.

Knödel und Flädlesuppe

Bayerische Teigwaren und Knödel

Bei allen kulinarischen Gemeinsamkeiten im Bundesland Bayern gibt es doch einige erhebliche regionale Unterschiede. Und das nicht zuletzt auch bei den Teigwaren: So neigen die Altbayern eher zu den allseits wertgeschätzten Knödeln, die Schwaben bevorzugen hingegen ihre heiß geliebten Spätzle, ihre Maultaschen und die Flädlesuppe.

Die große Popularität der bayerischen Mehlspeisen hat verschiedene Ursachen. Zum einen mussten sich früher die ärmeren Leute auf dem Land und in der Stadt mit Mehlspeisen und Teigwaren zufrieden geben, weil ihnen die Mittel für eine exklusivere Fleischkost fehlten. Zum anderen stehen diese Mehlspeisen oft auch in der kirchlichen Fastentradition. Im tief religiösen Bayern hielt man von Seiten der Kirche die Menschen natürlich streng zur Einhaltung von Fasten- und Abstinenztagen an. In diesem Zusammenhang spielte vor allem der Freitag als Fastentag eine große Rolle, an dem kein Fleisch, sondern höchstens Fisch verzehrt werden durfte. Auch in der Fastenzeit nach Aschermittwoch wurde streng Diät gehalten. Und so erfand man im Laufe der Jahrhunderte immer neue Kochideen für Mehlspeisen, umso die karge Fastenzeit etwas attraktiver zu gestalten. Mittlerweile haben die Mehlspeisen kulinarisch allerdings so viele Stufen der Verfeinerung durchlaufen, dass sie selbst aus der gehobenen bayerischen Küche nicht mehr wegzudenken sind.

Kleine bayerische Mehlspeisenparade

Semmelknödel – ein sagenhaftes Vergnügen

Die Bayern behaupten, das Ursprungsland dieser Knödel zu sein – jedenfalls beweist dies ihrer Überzeugung nach die Deggendorfer Knödelsage. Derzufolge zog König Ottokar von Böhmen im Jahre 1266 mit seinen Truppen über den Böhmerwald herüber und verwüstete die Oberpfalz und Niederbayern. Deggendorf bot seinen Bürgern innerhalb des Stadtgrabens und des doppelten Mauerrings sicheren Schutz. Und damit die Bürgerwehr stets abwehrbereit blieb, brachten die Bürgersfrauen ihnen das Essen an die Stadtmauer – darunter aus Semmeln gefertigte große Knödel. In einem Moment der Unaufmerksamkeit gelang es einem feindlichen Späher just zur Essenszeit einen Blick über die Mauerbrüstung zu werfen. Der Wachposten, der den Feind bemerkte, fand keine Zeit mehr, die Steinschleuder zu bedienen. Also schleuderte er dem Späher kurz entschlossen seinen Knödel, den er eben seiner Schüssel entnommen hatte, ins Gesicht. Dieser kehrte voller Entsetzen ins böhmische Lager zurück und berichtete seinem Hauptmann, dass die Deggendorfer noch so viele Lebensmittel besäßen, dass sie sogar mit Knödeln schießen könnten. Daraufhin zogen die feindlichen Belagerungstruppen ab – die Stadt war durch die großen Deggendorfer Knödel gerettet worden!

Spätzle – der Spatz in der Hand

Schriftliche Hinweise auf Spätzle gibt es seit dem beginnenden 18. Jahrhundert, aber sie wurden auch schon lange Zeit zuvor zubereitet. Ursprünglich wurden sie aus Dinkel hergestellt und galten als ein Arme-Leute-Gericht.

Die Herkunft des Namens Spätzle ist nicht restlos geklärt. Eine Version verweist auf die ursprüngliche Herstellungsmethode: Noch bevor Spätzle vom Brett geschabt wurden oder Knöpfle durch das Knöpflesieb gedrückt wurden, formten die Hausfrauen mit der Hand, später mit dem Löffel kleine Teigstücke, die sie ins kochende Wasser legten. Der Teig in der Hand wurde mit einem Spatz in Verbindung gebracht, weshalb die Spätzle zunächst Spatzen genannt wurden. Doch wird eher vermutet, dass die Bezeichnung aus dem italienischen Wort „spezzato“ kommt, was soviel wie Gestückeltes, Geschnetzeltes heißt.

Maultaschen – Herrgott's Bescheißerle

Diese schwäbische Nationalspeise, auch „Hergott's Bescheißerle“ genannt, hat inzwischen ihren Weg über den Trollinger-Äquator hinaus in alle Welt angetreten. „Schwäbische Maultaschen“ zeichnen sich durch eine Füllung aus Fleischbrät bzw. Gemüsebrät mit einem besonders hohen Spinatanteil aus. Sie haben eine viereckige oder strudelförmige Form und werden zum Verzehr gebrüht oder in der Pfanne mit Butter angebraten. Das Stückgewicht variiert von 40–150 Gramm. Suppenmaultaschen sind kleiner und wiegen nur 10–40 Gramm.

Die genaue Herkunft der Maultaschen ist unbekannt. Erste Erwähnungen als „gefüllte Nudeln aus Schwaben“ finden sie zu Beginn des 19. Jahrhunderts – „meist mit Spinat gefüllt“, wie die Gebrüder Grimm berichten. Doch sie müssen schon viel früher hergestellt worden sein. So wird unter anderem erzählt, dass die Maultaschen auf die Mönche des Klosters Maulbronn zurückgehen. Als die Zisterzienser in Maulbronn während der Hungerszeit des Dreißigjährigen Krieges zur Fastenzeit ein großes Stück Fleisch erhielten, sollen sie es, um den Eindruck einer fleischlosen Fastenspeise zu erwecken, klein gehackt, mit Kräutern und Spinat gemischt zur Tarnung in einem Nudelteig versteckt haben, den sie in kleine Portionen teilten. Demnach könnte sich der Name „Maultasche“ tatsächlich aus der ursprünglichen Bezeichnung „Maulbronner Nudeltaschen“ ableiten – und ihre weitere Bezeichnung als „Herrgott's Bescheißerle“ bekäme einen tieferen Sinn.

Semmelknödel

Semmelknödel sind aus Semmeln (also Brötchen), Eiern, Zwiebeln und Milch geformte Kugeln, die man in aufgekochtem Wasser gar ziehen lässt. Ein Schweinsbratl ohne Semmelknödel ist wie viele andere Fleischgerichte in Bayern einfach undenkbar.

Zutaten

(Für 4 Personen)

- 10 altbackene Semmeln
- 1/2 l Milch
- 1 kleine Zwiebel
- 3 EL gehackte Petersilie
- 30 g Butter
- 3 Eier
- 1 unbehandelte Zitrone
- Salz und schwarzer Pfeffer

Zubereitung

- Die Semmeln in sehr dünne Scheibchen in eine Schüssel schneiden, die aufgekochte Milch darüber gießen, durchmischen und zugedeckt mindestens 1 Stunde stehen lassen.
- Eine kleine Zwiebel klein hacken und in Butter andünsten. Die Zwiebel und die klein gehackte Schale von einer Zitrone zu der aufgeweichten Semmelmasse geben und alles mit 3 Eiern gut durchmischen.
- Mit nassen Händen die Knödel formen und in einem etwa 7 l fassenden Topf in reichlich kochendem Salzwasser einlegen.
- Wenn die Knödel an der Oberfläche schwimmen, die Hitze reduzieren und die Knödel nun noch 20 Minuten halb zugedeckt leise köcheln lassen.
- Danach die Semmelknödel mit dem Sieblöffel herausnehmen.

Anmerkung: Semmelknödel isst man nicht nur zum Schweinsbraten, sondern auch zu gebratenen Gänsekeulen, zu Lüngerl und Pilzgerichten oder in einer guten Fleischsuppe. Übrig gebliebene Knödel schneidet man in Scheiben und brät sie in der Pfanne schön knusprig.

Spätzle

Spätzle sind wie die Maultaschen eine Nationalspeise der Schwaben. Sie werden entweder als Beilage zu Fleischgerichten mit reichlich kräftiger Soße gereicht, beispielsweise zu Wild, Schmor- oder Sauerbraten, oder mit Butter und gerösteten Zwiebelringen vermengt und als Hauptgericht serviert. Wenn Sie dann noch geriebenen Käse darüber geben, werden es Käsespätzle.

Zutaten

(Für 4 Personen)

- 500 g Mehl
- 4 Eier
- 2 TL Salz, frisch gemahlener schwarzer Pfeffer
- 250 ml Wasser

Zubereitung

- Das Mehl, die Eier, das Salz, eine Prise Pfeffer und einen Großteil des Wassers in eine Schüssel geben und mit einem Kochlöffel vermischen. So lange weiter Wasser hinzugeben, bis sich ein zäher „Brei" gebildet hat. Die Konsistenz ist richtig, wenn der Teig Blasen schlägt und man den Löffel nur noch schwer aus dem Teig bekommt. Den Teig dann etwas ruhen lassen.

Zur Produktion der Spätzle sind drei Methoden überliefert:

- 1. Bei der traditionellen Methode nimmt man ein befeuchtetes Holzbrettchen (am besten mit abgeflachter Kante vorne), legt etwas Teig auf den unteren Rand und schabt nun mit einem scharfen und glatten Messer kleine Nudeln ins kochende Wasser. Dies sollte zügig gehen, da sonst die ersten Spätzle schon zerkocht sind, bevor die letzten im Wasser sind.

- 2. Mit einem so genannten „Spätzleschwob" (ein Werkzeug zum Durchpressen des Teiges) wird Portion für Portion des Teiges in den Topf mit kochendem Wasser gedrückt. Mit dem Spätzleschwob kann man auch sehr lange Spätzle produzieren.

- 3. Mit einem so genannten Spätzlehobel wird der Teig mit einem Schieber durch eine grobe „Raspel" gedrückt. Der Hobel produziert naturgemäß kleinere und kürzere Spätzle. Bei der Verwendung eines Spätzlehobels muss der Teig allerdings relativ flüssig sein (mehr Wasser zugeben).

Die Spätzle müssen solange sprudelnd kochen, bis sie obenauf schwimmen und sich ein weißer Schaum bildet. Wenn die Spätzle an die Wasseroberfläche steigen, fischt man sie mit einem „Spatzenlöffel" (Sieblöffel) heraus.

Leberknödel-suppe

Leberknödel sind eine bayerische Leibspeise, die als Beilage vor allem zu gekochtem Rind- oder Schweinefleisch gereicht, aber auch mittags oder abends warm in der Suppe als Vorspeise verzehrt werden.

Zutaten

(Für 4 Personen)

- 500 g Rinderleber
- 5 altbackene Brötchen
- 250 ml Milch
- 2 Zwiebeln, fein gehackt
- 1 EL Butter
- 1 TL Majoran
- 1 Bund Petersilie fein gehackt
- Salz, frisch gemahlener schwarzer Pfeffer
- 1,5 l Fleischbrühe

Zubereitung

- Die Brötchen in dünne Scheiben schneiden, mit kochender Milch übergießen und zugedeckt beiseite stellen.
- Die Leber in große Würfel schneiden und im Fleischwolf fein zerkleinern.
- Die Zwiebeln in der Butter glasig dünsten.
- Aus der Leber, den ausgedrückten Brötchen und Zwiebeln einen Teig kneten. Mit Majoran, einem halben Bund fein gehackter Petersilie sowie Pfeffer und Salz würzen.
- Aus dem Teig Knödel formen.
- In einem großen Topf die Brühe zum Kochen bringen, die Leberknödel mit dem Schaumlöffel vorsichtig in die Brühe legen, die Hitze reduzieren und die Knödel 7–10 Minuten gar ziehen lassen.
- Zum Servieren wird die Suppe in eine Terrine gegeben und mit der restlichen Petersilie bestreut. Dazu reicht man Brez'n.

G'wichste

G'wichste sind Roggenknödel, die aus Niederbayern und dem Rottal stammen. Sie werden traditionell zu Schwarzgeräuchtertem gegessen, was man auf Speisekarten als „G´selchtes" und „G´wichste" findet.

Zutaten

(Für ca. 20 Stück)

- 500 g feines Roggenmehl
- 1 TL Salz
- Wasser
- Mehl (zum Bestäuben der Hände)
- geröstete Roggenbrotwürfel aus 1 Scheibe Roggenbrot

Zubereitung

- Roggenmehl mit Salz und nur so viel lauwarmem Wasser verrühren, dass ein fester Knetteig entsteht.
- Mit bemehlten Händen kleine Knödel formen und mit je einem gerösteten Roggenbrotwürfel füllen.
- In einem Topf reichlich Salzwasser zum Kochen bringen und die Knödel darin 10 Minuten kochen.

Anmerkung: Verwendet man als Füllung gesalzenes Griebenschmalz, so nennt man die Knödel Griebengewichste.

Holzerschmaus

Das Rezept für den Holzerschmaus stammt aus der Benediktinerabtei Ettal. Es handelt sich um einen deftigen Pfannkuchen mit Speck und Zwiebeln, der als Brotzeit zum Beispiel nach schwerer Holzarbeit in der Blockhütte im Bergwald des Kloster Ettal verzehrt wurde.

Zutaten

Für ein bis zwei Portionen – je nach Appetit des Holzarbeiters

— 1/2 Zwiebel
— 1/2 EL Butter
— 4–5 Scheiben durchwachsener Speck
— 2 Eier
— 100 g Mehl
— 1/8 l Milch
— Salz
— 1 Prise Zucker
— 1 Msp. Majoran

Zubereitung

— Die halbe Zwiebel in Würfel schneiden und in der Butter glasig dünsten.
— Mehl, Eier, Milch, Salz und eine Prise Zucker zu einem salzigen Pfannenkuchenteig verrühren.
— Die Speckscheiben in eine Pfanne geben und anbraten.
— Den Teig vorsichtig auf die Speckscheiben gießen.
— Wenn die Masse fest wird, den Pfannkuchen wenden und auf der anderen Seite ebenfalls kurz anbraten.
— Zum Servieren den Holzerschmaus mit den gerösteten Zwiebeln und mit Majoran bestreuen.

Schwäbische Maultaschen

Maultaschen sind gefaltete, dünne Nudelstücke, die unterschiedliche Füllungen enthalten, in einer kräftigen Fleischbrühe gegart und mit der Suppe serviert werden. Ursprünglich galten die schwäbischen Maultaschen als „Arme-Leute-Essen", denn alle Reste der vorhergehenden Tage, ob übrig gebliebenes Siedefleisch, hart gewordenes Brot oder altes Gemüse, konnten bei diesem Gericht noch einmal auf wunderbare Weise vereint werden, ohne dass es auffiel. Heute gelten Maultaschen längst als salonfähig und werden sogar mit edelsten Ingredienzien gefüllt wie etwa Wachtelfleisch, Kalbsbries oder Morcheln.

Zutaten

(Für 4 Personen)

— 400 g Mehl
— 4 Eier
— 1/4 TL Salz
— 50 g durchwachsener Speck
— 2 gewürfelte Zwiebeln
— 1 gewürfelte Knoblauchzehe
— 150 g tiefgekühlter Blattspinat
— 350 g grobes Bratwurstbrät
— 2 EL Semmelbrösel
— 2 EL gehackte Petersilie
— 1/2 TL frisch geriebene Muskatnuss
— 1 TL schwarzer Pfeffer
— 1/2 TL Salz
— 1 Eiweiß
— 2 l kräftige Fleischbrühe

Zubereitung

— Aus Mehl, Eiern und Salz einen weichen Nudelteig bereiten und zugedeckt in einer Schüssel 30 Minuten ruhen lassen.

— Den Speck würfeln und auslassen, die Zwiebeln und den Knoblauch darin glasig andünsten, den Spinat unaufgetaut hinzufügen und so lange dünsten, bis keine Flüssigkeit mehr vorhanden ist.

— Die Masse etwas abkühlen lassen und mit Bratwurstbrät, Semmelbröseln und Petersilie mischen, danach mit Salz, Pfeffer und Muskatnuss abschmecken.

— Den Teig auf einem dünn bemehlten Küchentuch 3 Millimeter dick ausrollen.

— Aus der Teigplatte etwa 8 Zentimeter große Quadrate ausschneiden und auf die eine Hälfte der Quadrate jeweils in die Mitte einen Esslöffel Füllung geben. Die Ränder mit Eiweiß bestreichen. Ein zweites Teigstück darüber legen und die Ränder festdrücken.

— Die Fleischbrühe in einem großen Topf zum Kochen bringen, die Maultaschen einlegen und etwa 10 Minuten sieden.

— Die Maultaschen mit einem Schaumlöffel aus dem Topf heben und zum Servieren in gut vorgewärmte Teller geben. Mit etwas Brühe begießen.

Anmerkung: Als Bestandteil eines zweigängigen Mittagsmenüs werden zunächst Maultaschen mit etwas Brühe gereicht. Als zweiten Menügang serviert man geschmälzte Täschchen. Am nächsten Tag können Sie die übrig gebliebenen Maultaschen mit etwas Ei anbraten und sie zu einem bunten Salat genießen.

Bayerische Crème und Obazda

Milch und Käse aus Bayern

Die Milchviehhaltung ist für die bayerische Landwirtschaft von besonderer Bedeutung. An die 40 Prozent aller bayerischen Bauern haben auch Kühe im Stall stehen. Mit Milch und Rindern erwirtschaften sie mehr als die Hälfte ihres landwirtschaftlichen Produktionswertes. Insgesamt gibt es rund 53.000 Milchviehbetriebe mit 1,3 Millionen Milchkühen in Bayern – damit besitzt Bayern 30 Prozent des gesamten deutschen Milchviehbestandes. Die durchschnittliche Milchleistung je Kuh liegt bei 5400 Kilogramm Milch pro Jahr. Insgesamt werden jährlich etwa 7,1 Millionen Tonnen Milch in Bayern erzeugt und in den 88 milchwirtschaftlichen Unternehmen des Landes verarbeitet.

Romadur
Romadur

Doch das Leben für die bayerischen Milchviehhalter wird nicht einfacher. Konkurrenzdruck, die Marktmacht des Lebensmittelhandels und die Weiterentwicklung der gemeinsamen europäischen Agrarmarktpolitik mit dem Ziel der Anpassung der landwirtschaftlichen Erzeugung an den Verbrauch in Europa hat für den Erzeuger (und den Verbraucher) niedrigere Milchpreise zur Folge und machte enorme Anstrengungen zur Qualitätssteigerung erforderlich. Man kann wohl mit Fug und Recht behaupten, dass die bayerische Milchwirtschaft hinsichtlich des Qualitätsni–veaus ihrer Erzeugnisse heute an der Spitze in Europa steht.

Bayerische Milchprodukte haben aber nicht nur in Bayern gute Freunde, sondern sind wegen ihres hervorragenden Geschmacks und ihrer hohen Qualität über die Grenzen hinaus sehr geschätzt: Dies trifft sowohl auf die Trinkmilch mit ihren verschiedenen Angebotsformen zu wie gleichermaßen für Butter, Milchfrischerzeugnisse und natürlich vor allem für den bayerischen Käse.

Hauptproduktionsgebiet des bayerischen Käses ist das Allgäu. Hier im Allgäu und in der rauen Berg- und Alpenregion sowie dem davor liegenden Grünland und Futterbaugebiet ist vor allem das Braunvieh beheimatet. Das besondere Merkmal des Allgäuer Braunviehs ist, dass diese Rasse eine ausgezeichnete Milch mit hoher Genussqualität und bester Käsereitauglichkeit liefert. Und nicht zuletzt sind es diese urgemütlichen, attraktiv aussehenden „Rindsviecher“, die nicht unerheblich zum fremdenverkehrsfördernden Bild einer ungetrübten bayerischen Postkartenidylle beitragen.

Kleine Allgäuer Käseparade

Allgäuer Bergkäse – gereiftes Vollaroma

Die Herstellung von Bergkäse im Allgäu blickt auf eine lange Tradition zurück. Zunächst wurde der Bergkäse auf den Sennalpen erzeugt, die Produktion verlagerte sich aber mit der Verbreitung der Hauskäsereien ab dem beginnenden 19. Jahrhundert von der Alp zunehmend auch ins Tal. Allgäuer Bergkäse wird aus roher Kuhmilch gefertigt. Der rindengereifte Rundlaib ist acht bis zehn Zentimeter hoch, wiegt 15–50 Kilogramm und hat einen Durchmesser von 40–90 Zentimetern. Die Rinde ist dunkelgelb bis bräunlich. Der geschmeidige, mattgelbe Teig hat vereinzelt erbsengroße Löcher. Je nach Alter hat der Allgäuer Bergkäse einen milden bis vollaromatischen Geschmack.

Allgäuer Bergkäse wird aus Morgen- und Abendmilch hergestellt. Die Abendmilch bleibt über Nacht stehen, wird am Morgen entrahmt und mit der Morgenmilch vermischt. Die Milch wird anschließend erwärmt und mit Kulturen und Lab versetzt. Nach einer aufwändigen Weiterbehandlung dieser Rohmasse durch die Käser reift ein Allgäuer schließlich zwei Monate im Keller bei 16 Grad und wird während dieser Reifezeit zwei- bis dreimal pro Woche mit Salzwasser abgewaschen und gewendet. Nach einer weiteren Lagerung von einem Monat bei zwölf Grad hat er seine Genussreife erreicht.

„Allgäuer Bergkäse" ist eine EU-weit geschützte Ursprungsbezeichnung. Allgäuer Bergkäse darf demnach nur im geografisch definierten Allgäu hergestellt werden, wozu die gesamte für die Herstellung benötigte Milch aus diesem Gebiet stammen muss.

Allgäuer Emmentaler – ein Exilkäse mit berühmten Löchern

Allgäuer Emmentaler ist der wohl bekannteste bayerische Käse. Es handelt sich dabei um einen Hartkäse aus roher Kuhmilch. Er ist mattgelb mit einer goldgelben, glatten Rinde und weist eine möglichst regelmäßig verteilte Lochung in Kirschgröße auf. Sein Geschmack hat einen unverkennbaren nussigen Charakter. Das Gewicht der Laibe liegt zwischen 40 und 130 Kilogramm – traditionell haben sie eine runde Form, doch mittlerweile ist die Form nicht mehr bindend festgelegt und so findet man heute auch quadratische und rechteckige Käselaibe.

Die Bezeichnung „Allgäuer Emmentaler" verweist bereits darauf, dass der Allgäuer Emmentaler seinen Ursprung im „Emmental" im Kanton Bern in der Schweiz hat. Emmentaler Senner kamen zu Beginn des 19. Jahrhunderts in das Allgäu und brachten die Kenntnis von der Herstellung des Emmentalers mit. Im Laufe der Zeit entstanden daraufhin im Allgäu immer mehr Dorfsennereien. Anfang des 20. Jahrhunderts wuchsen die Milchmengen dank verbesserter Weidewirtschaft so stark an, dass von genossenschaftlichen und privaten Unternehmern größere Käsereien errichtet wurden, die die gesamte Milchmenge eines Dorfes verarbeiten konnten.

Der gepresste Käsebruch eines Allgäuer Emmentalers wird für zwei bis drei Tage in ein Salzbad gelegt, in dem sich seine typische Rinde bildet. Anschließend wird er acht bis zehn Wochen im Gärkeller (Reifungskeller) bei einer Temperatur von 20–23 Grad gelagert. In diesem Gärkeller entstehen durch Gase die berühmten Löcher des Emmentalers. Anschließend werden die Käselaibe über einem Zeitraum von drei bis optimal sechs Monaten endgelagert. Während dieser Zeit werden die Käselaibe mindestens zweimal wöchentlich gewaschen und gesalzen, um die Rindenbildung zu unterstützen und den Geschmack zu verstärken.

„Allgäuer Emmentaler" ist wie „Allgäuer Bergkäse" eine EU-weit geschützte Ursprungsbezeichnung. Auch Allgäuer Emmentaler darf demnach nur im geografisch definierten Allgäu hergestellt werden, wozu die gesamte für die Herstellung benötigte Milch aus diesem Gebiet stammen muss.

Weißlacker – ein typisch bayerischer Bierkäse

Weißlacker ist eine traditionelle Allgäuer Käsespezialität mit weißlicher, lackartiger Schmiere ohne eigentliche Rinde. Ein Weißlacker wird zur Brotzeit mit Bier gereicht, weshalb man diesen Käse auch oft als Bierkäse bezeichnet. Früher hieß er „Weißschmierer" und wurde in flacher Form hergestellt. Die heutige Würfelform hat sich erst langsam durchgesetzt. Der innen hell-weißliche Käse ist halbfest, speckig, aber nicht klebrig. Er reift gleichmäßig durch die ganze Masse mit einigen wenigen Bruchlöchern. Sein Geschmack ist nicht zuletzt auch durch eine Salzzugabe sehr pikant und leicht scharf. Ein Weißlacker benötigt bis zur Genussreife eine Reifezeit von neun Monaten in einem feuchten Kaltlager bei sieben bis acht Grad.

Welcher Käse zu welchem Bier?

Bayern hat rund 400 Käse- und über 40 Biersorten zu bieten. Doch welcher Käse kann mit welchem Bier kombiniert werden, damit sich beide ideal ergänzen? Hier die wichtigsten Tipps für bayerischen Käse-Bier-Hochgenuss:

1. Milde Käsesorten sollten nicht durch den Geschmack des Getränks überdeckt werden. Zu einem bayerischen Butterkäse, Frischkäse, Kräuterquark oder Camembert passt deshalb besonders ein erfrischendes Radler (Helles mit klarer Zitronenlimonade) oder auch ein „Russ“ (Weißbier mit Zitronenlimonade).

2. Bayerischen Feta kombiniert man am besten mit Weißbier! Der feinsäuerliche und bisweilen auch kräftig-salzige Geschmack des Fetas entfaltet sich am besten, wenn dazu ein hefetrübes, leicht fruchtiges Weißbier getrunken wird.

3. Bayerischen Obatzda und Allgäuer Emmentaler kombiniert man am besten mit einem Hellen! Der typisch bayerische Obatzda darf im Sommer natürlich nicht fehlen. Mit einem Schuss Lager/Hell selbst angerührt, harmoniert er ebenso wie der mild aromatische, nusskernige Allgäuer Emmentaler am besten mit einem feinwürzigen Hellen mit ausgewogener Hopfenbittere.

4. Bayerischen Romadur, Almkäse und Blauschimmelkäse kombiniert man am besten mit einem Märzen! Probieren Sie einmal ein malzbetontes Märzen mit leichter Süße zu einem kräftigen, würzigen Weichkäse, Hartkäse oder einem Blauschimmelkäse aus Bayern – Sie werden begeistert sein.

5. Alten Bergkäse und bayerischen Weißlacker kombiniert man am besten mit einem Dunklen! Der Weißlacker ist der Geheimtipp unter den bayerischen Käsen. Sein kräftiges pikantes Aroma passt ebenso wie das intensive Aroma des bayerischen Bergkäses zu dem kräftigen, vollmundigen Aroma eines malzaromatischen Dunklen oder eines stärker eingebrauten Bieres wie Bock oder Doppelbock.

Obazda

Obazda heißt so viel wie „Zusammengemengtes“ oder „Angemischtes“. Zusammengemengt wird in diesem Fall eine streichfähige und – abhängig vom Zwiebelanteil – milde bis würzige Käsespezialität. Vor allem in Biergärten wird Obazda gerne zu Brot, Semmeln oder Brez'n verzehrt.

Das Urrezept für Obazda stammt aus dem Weihenstephaner Bräustüberl, wo die Wirtin Kathi Eisenreich in den 20er Jahren des vorigen Jahrhunderts sich eines Tages mit der Frage konfrontiert sah, was sie mit überzähligen Camembertlaibchen machen sollte. Da kam ihr Koch auf die Idee, den Käse mit Gewürzen und Zwiebeln zu mischen und das Ganze mit Bier zu verfeinern.

Zutaten

(Für 4 Personen)

— 500 g Camembert
— 200 g Doppelrahmfrischkäse
— 40 g Butter
— Salz, frisch gemahlener schwarzer Pfeffer, Kümmel, Paprika
— 80 g fein gehackte Zwiebeln
— 6–8 EL helles Bier

Zubereitung

— Camembert und Frischkäse mit der Gabel fein zerdrücken und miteinander vermischen.
— Die Butter und die anderen Zutaten hinzugeben.
— Zum Schluss das Bier in die Masse rühren.

Anmerkung: Kümmel und Bier werden manchmal weggelassen. In Franken wird anstatt des Bieres auch Frankenwein verwendet.

Crème bavaroise

Die auch Bayerische Creme genannte Süßspeise ist wohl die bekannteste bayerische Süßspeise. Die aufgeschlagene und mit Gelatine gebundene Eiercreme wird nach dem Erstarren gestürzt. Früher ließ man die Bayerische Creme in speziellen, mit vielen eckigen Ausbuchtungen versehenen Kupferformen erstarren. Heute serviert man sie gerne mit Kompott, frischen Beeren oder Erdbeersaft.

Das Rezept soll angeblich von Isabeau de Bavière erfunden worden sein, einer Tochter des Bayernherzogs Stephan. Isabeau die Schöne heiratete im Jahr 1385 König Karl VI. (1368–1422) von Frankreich und machte sich nicht zuletzt durch die überaus lebendigen Briefe, die sie über die Zustände am französischen Hof schrieb, einen Namen. Es ist jedoch nicht geklärt, ob sie das Rezept tatsächlich selbst erfand oder aus ihrer Heimat mitbrachte.

Zutaten

(Für 4–6 Portionen)

- 1/2 Vanilleschote
- 1/4 l Milch
- 4 Eier (getrennt)
- 100 g Zucker
- 4 Blatt Gelatine
- 250 g Sahne

Zubereitung

- Die Vanilleschote aufschneiden und das Mark auskratzen.
- Die Gelatine in kaltem Wasser einweichen und die Milch mit dem Vanillemark aufkochen.
- Das Eigelb mit dem Zucker schaumig rühren und unter ständigem Schlagen in die kochende Milch geben. Bei leichter Hitze unter ständigem Schlagen eindicken lassen. Die Creme nicht aufkochen!
- Danach die Creme von der Kochstelle nehmen und die ausgedrückte Gelatine darin auflösen.
- Die Creme durch ein Sieb in eine Schüssel gießen, die wiederum in einer größeren Schüssel mit Eiswasser steht. Die Creme nun vorsichtig unter behutsamem Rühren erkalten lassen.
- Wenn die Creme zu erstarren beginnt (sie darf nicht zu warm und nicht zu flüssig sein), die steif geschlagene Sahne vorsichtig unterheben. Dann die Creme in mehrere kleine, leicht gebutterte, mit Zucker ausgestreute Dessertformen füllen.
- Die Crème Bavaroise mindestens 6 Stunden in den Kühlschrank stellen, dann auf Dessertteller stürzen und je nach Gusto entweder solo, mit Obst, Frucht- oder Schokoladensoße servieren.

Quärkla

Der Quärkla ist ein fettarmer, eiweißreicher Sauermilchkäse, der nach der Reifung glasig-gelb wird und sich durch seinen deftigen Geschmack auszeichnet. Im Fichtelgebirge und im Frankenwald, also im Nordosten von Bayern wird der Quärkla hergestellt. Ursprünglich wurde Quärkla in einer Schüssel hergestellt und schichtweise von oben nach unten gegessen, daher wird Quärkla häufig auch noch als Schüsselkäse bezeichnet. Die frische Kuhmilch wird durch Zentrifugation in Magermilch und Rahm getrennt. Die Magermilch wird durch Milchsäurebakterien dickgelegt. Nach dem Dicklegen werden kleine Kugeln geformt, die anschließend breitgedrückt werden. Nach etwa fünf Tagen Reifung ist der Käse genussfertig.

Hauskäsereien stellen den Quärkla her, der dann auf Bauernmärkten und in Hofläden verkauft wird. Durch die Produktion in Hauskäsereien werden nur sehr kleine Mengen Quärkla hergestellt. Der Quärkla wird ganzjährig produziert. Seine Hauptsaison ist jedoch im Sommer zur Biergartenzeit.

Zubereitung

— Man verzehrt den Quärkla mit Salz, Pfeffer und Kümmel hauptsächlich im Biergarten zu Brot und einer Halben Maß Bier.

Register der Rezepte

Brot & Backwaren

Allerseelenzopf ... S. 54
Augsburger Zwetschgendatschi ... S. 56
Brotsuppe ... S. 64
Fränkische Küchle ... S. 57
Nonnenfürzle ... S. 58
Nürnberger Lebkuchen ... S. 60
Prinzregententorte ... S. 62

Bayerische Fleischspezialitäten

Altmühltaler Lammkeule
mit Pflaumenfüllung ... S. 80
Bamberger blaue Zipfel ... S. 82
Böfflamott ... S. 79
Fränkischer Sauerbraten ... S. 86
Leberkäs ... S. 84
Metzelsuppe ... S. 92
Münchner Kronfleisch ... S. 87
Niederbayerisches Schwarzgeräuchertes S. 89
Riebelsuppe ... S. 93
Saures Züngerl ... S. 78
Surhaxn ... S. 90
Tellersulz ... S. 91

Bayerische Fischspezialitäten

Chiemsee Fischwürst ... S. 100
Donauzander ... S. 102
Lechtalforelle ... S. 105
Meefischli ... S. 107
Renke mit geräuchertem Kraut ... S. 108
Steckerlfisch ... S. 110

Obst & Gemüse

Ädöpfeldätscher ... S. 126
Bauchstecherl ... S. 127
Bayerisch Kraut ... S. 122
Bröselhafer ... S. 128
Erdäpfel-Kas ... S. 129
Fränkische rohe Klöße ... S. 132
Hopfensprossensalat ... S. 123
Pichelsteiner ... S. 125
Rumfordsuppe ... S. 130
Schupfnudeln ... S. 133

Teigwaren & Knödel

G'wichste ... S. 142
Holzerschmaus ... S. 143
Leberknödelsuppe ... S. 141
Schwäbische Maultaschen ... S. 144
Semmelknödel ... S. 138
Spätzle ... S. 140

Milch & Käse

Crème bavaroise ... S. 156
Obazda ... S. 155
Quärkla ... S. 158